AF886685

CENTRO
Journal of the Center for Puerto Rican Studies
VOLUME XXXII
NUMBER III
FALL 2020

Puerto Rico ha sufrido los efectos agravados de múltiples desastres desde los devastadores impactos de los huracanes de 2017, la actividad sísmica recurrente en la región suroeste a fines de 2019, incluido un terremoto de magnitud 6.4 en enero de 2020, hasta la crisis de salud resultante de la actual pandemia de COVID-19. En el contexto de una abrumadora crisis de deuda y un régimen de austeridad por mandato federal desde 2016, los desastres recientes han revelado graves vulnerabilidades en la planificación de la preparación de Puerto Rico, la capacidad y la coordinación de respuesta institucional, la administración de recursos en varios niveles de implementación, la disponibilidad de datos y la falta de mecanismos adecuados y accesibles para apoyar la participación adecuada de las comunidades. Este articulo sirve de introducción a la colección de estudios incluidos en este volumen especial de *CENTRO Journal* donde se discute la evidencia de cómo está progresando la recuperación posdesastre en Puerto Rico, y los desafíos y las oportunidades para la participación local en los programas de reconstrucción y su potencial para contribuir a la recuperación posdesastre en Puerto Rico. Hasta la fecha, la evidencia disponible nos muestra que ha habido una recuperación desigual. Los estudios incluidos en este volumen proponen que los beneficios a largo plazo de los programas federales de recuperación de desastres dependen de que se reforme la política pública para alentar y apoyar la participación de desarrolladores sin fines de lucro en el desarrollo de programas de reconstrucción, fortalecer la capacidad de las organizaciones sin fines de lucro, fomentar asociaciones y colaboraciones, y brindar desarrollo profesional para la recuperación económica.

ISBN 978-1-945662-46-1
© 2021 Centro Press
Center for Puerto Rican Studies
Hunter College / City University of New York
695 Park Avenue, E-1429,
New York, NY 10065
https://centropr.hunter.cuny.edu/publications/centro-press

SPECIAL ISSUE: Post-Disaster Recovery in Puerto Rico and Local Participation
GUEST EDITOR: Edwin Meléndez

VOLUME XXXII • NUMBER III • FALL 2020

La recuperación posdesastre en Puerto Rico y la participación local: introducción

EDWIN MELÉNDEZ

Puerto Rico ha sufrido los efectos agravados de múltiples desastres desde los devastadores impactos de los huracanes de 2017, la actividad sísmica recurrente en la región suroeste a fines de 2019, incluido un terremoto de magnitud 6.4 en enero de 2020, hasta la crisis de salud resultante de la actual pandemia de COVID-19. En el contexto de una abrumadora crisis de deuda y un régimen de austeridad por mandato federal desde 2016, los desastres recientes han revelado graves vulnerabilidades en la planificación de la preparación de Puerto Rico, la capacidad y la coordinación de respuesta institucional, la administración de recursos en varios niveles de implementación, la disponibilidad de datos y la falta de mecanismos adecuados y accesibles para apoyar la participación adecuada de las comunidades. Este articulo sirve de introducción a la colección de estudios incluidos en este volumen especial de *CENTRO Journal* donde se discute la evidencia de cómo está progresando la recuperación posdesastre en Puerto Rico, y los desafíos y las oportunidades para la participación local en los programas de reconstrucción y su potencial para contribuir a la recuperación posdesastre en Puerto Rico. Hasta la fecha, la evidencia disponible nos muestra que ha habido una recuperación desigual. Los estudios incluidos en este volumen proponen que los beneficios a largo plazo de los programas federales de recuperación de desastres dependen de que se reforme la política pública para alentar y apoyar la participación de desarrolladores sin fines de lucro en el desarrollo de programas de reconstrucción, fortalecer la capacidad de las organizaciones sin fines de lucro, fomentar asociaciones y colaboraciones, y brindar desarrollo profesional para la recuperación económica.

Los desastres recientes han revelado graves vulnerabilidades en la planificación de la preparación de Puerto Rico, la capacidad y la coordinación de respuesta institucional, la administración de recursos en varios niveles de implementación, la disponibilidad de datos y la falta de mecanismos adecuados y accesibles para apoyar la participación adecuada de las comunidades. A medida que Puerto Rico hace la transición hacia la recuperación a largo plazo, la posibilidad de recibir una de las mayores asignaciones para desastres en los fondos de Subvenciones en Bloque para el Desarrollo Comunitario (CDBG por sus siglas en ingles) en la historia de los Estados Unidos está configurando cada vez más los procesos de planificación y toma de decisiones a nivel estatal. Si se usan apropiadamente, estos fondos representan una oportunidad para que las comunidades obtengan vivienda digna, infraestructura adecuada y recuperación económica.

La colección de estudios incluidos en este volumen especial de *CENTRO Journal* muestra evidencia de cómo está progresando la recuperación posdesastre en Puerto Rico, y los desafíos y las oportunidades para la participación local en los programas de reconstrucción. Hasta la fecha, la evidencia disponible nos muestra que ha habido una recuperación desigual, una recuperación caracterizada por la bifurcación de esfuerzos del sector cívico y los gobiernos central y federal. Los municipios, la comunidad de pequeñas empresas y las organizaciones sin fines de lucro participaron activamente en la fase inicial de emergencia posterior al desastre, para beneficio y bienestar de las víctimas y las comunidades. En su mayoría, las donaciones privadas y filantrópicas apoyaron la participación local y la ayuda en casos de desastre.

El autor (emele@hunter.cuny.edu) es profesor de Políticas Publicas y Planificación Urbana y director del Centro de Estudios Puertorriqueños en Hunter College, CUNY. Además de haber publicado numerosos artículos científicos y otras publicaciones, es el autor o editor de trece libros, incluidos *State of Puerto Ricans* (Centro Press 2017) y *Puerto Ricans at the Dawn of the New Millenium* (Centro Press 2014), y ha sido editor invitado de las ediciones de *CENTRO Journal* "Pathways to Economic Opportunity" (v23n2, 2011) y "Puerto Rico Post Hurricane Maria: Origins and Consequences of a Crisis (v30n3, 2018).

El Foundation Center estima que solo los esfuerzos filantrópicos recaudaron más de $375 millones para la mitigación y recuperación de las tormentas (Red de Fundaciones de Puerto Rico 2019).

Además de las donaciones de organizaciones filantrópicas, pero con un apoyo mínimo del gobierno local o federal, las donaciones sustanciales y el voluntariado de individuos y del sector privado hicieron posible que el sector sin fines de lucro tuviera una participación amplia e impactante en la fase de emergencia inmediata de la recuperación posdesastre (García y Chandrasekhar 2020). Además de la participación del sector cívico, el gasto federal por desastres durante la fase de emergencia alcanzó los $15 mil millones, aproximadamente la mitad del gasto federal total para todos los desastres declarados en 2017 en los Estados Unidos y Puerto Rico.[1] Este gasto incluyó, por ejemplo, la rehabilitación inicial de la red eléctrica, vivienda y otras ayudas a las familias, y préstamos y subvenciones a pequeñas empresas.

Para exacerbar la severidad del impacto inmediato de las tormentas en la población y economía de la isla, un examen detenido de los indicadores comunes destaca que la transición hacia la recuperación de desastres a largo plazo ha sido agotadora y exigente. Los datos del censo para 2018 y 2019 indican un aumento muy modesto en la población, de 3,193,354 en 2018 a 3,193,694 en 2019 —un aumento de población de 0.01 por ciento—, definitivamente dentro del margen de error para las estimaciones. Sin embargo, la importancia de estas cifras radica en una reversión de más de una década de disminución constante de la población, estimulada por un éxodo implacable y la señal de un primer paso hacia la recuperación. De manera similar, un modesto aumento de 1.6 por ciento en el Índice de Actividad Económica (IEA, por sus siglas en inglés)[2] proporciona evidencia adicional de recuperación en 2019, apenas el segundo crecimiento positivo anual consecutivo después de cinco años de caídas ininterrumpidas en el índice.

Sin embargo, debido a la depresión económica inducida por la pandemia de COVID, de enero a septiembre de 2020 el IEA se contrajo un 5.7 por ciento. En este contexto, las asignaciones de fondos federales de recuperación a largo plazo a Puerto Rico para desastres declarados en 2017 se han estancado. De los $19.9 mil millones que el Congreso asignó al Departamento de Vivienda y Desarrollo Urbano federal (HUD, por sus siglas en inglés) para programas de recuperación y mitigación de desastres para Puerto Rico, a fines de julio de 2020 solo se habían desembolsado $96 millones. En resumen, tres años después de las tormentas de 2017 que devastaron la isla, indicadores como la actividad económica y la implementación de programas de recuperación apuntan a una recuperación a largo plazo estancada.

Dicho esto, la capacidad local para la participación en la recuperación de desastres es en gran parte una función de las políticas y los programas que facilitan o dificultan la participación cívica y el compromiso local.

La participación y el interés local son elementos críticos para la recuperación económica a largo plazo (FEMA 2017). La literatura sobre recuperación de desastres ha establecido que la participación de la comunidad, especialmente la participación del gobierno local y de las sin fines de lucro, es un determinante importante de la recuperación general de la comunidad (Dyer 1999; Mileti 1999; Smith y Birkland 2012; Peacock, Morrow y Gladwin 1997; Scott y Murphy 2014; Welsh y Esnard 2009). La capacidad del sector sin fines de lucro para participar en la fase de recuperación económica posdesastre se ve limitada debido a varios factores. Estos factores están relacionados con las políticas federales que regulan los programas de recuperación y la implementación local, y las diversas etapas y requisitos de capacidad para la participación en el programa, como la planificación comunitaria para el desarrollo del proyecto, la competencia por el financiamiento local y federal, y la administración local de los programas. Además, el sector sin fines de lucro tiene una experiencia limitada con la vivienda y el desarrollo económico federales y los programas de mitigación de desastres, que constituyen la mayor parte de la fase de recuperación económica posdesastre. Incluso las organizaciones con conocimientos previos sobre desarrollo económico comunitario tienen una capacidad limitada para el desarrollo de bienes raíces y para cumplir con los requisitos del Aviso de Disponibilidad de Fondos (NOFA, por sus siglas en inglés) y ser competitivas para la recuperación federal de desastres y otros fondos auxiliares. Dicho esto, la capacidad local para la participación en la recuperación de desastres es en gran parte una función de las políticas y los programas que facilitan o dificultan la participación cívica y el compromiso local. Tal es la dialéctica que motiva los estudios aquí presentados.

Los estudios incluidos en este volumen especial de *CENTRO Journal* analizan los desafíos y las oportunidades para la participación local en los programas de reconstrucción y su potencial para contribuir a la recuperación posdesastre en Puerto Rico. En la siguiente sección, analizo los indicadores de recuperación posdesastre o la ausencia de estos tres años después de que los huracanes Irma y María devastaran la isla. Un indicador crítico de la recuperación son las respuestas del sector empresarial al desastre, tema abordado por Lobato, Álvarez y Aponte (2020) en este volumen. Luego, hablo de los desafíos y oportunidades para la participación local en la recuperación a largo plazo. Dos estudios incluidos en este volumen analizan las respuestas del sector sin fines de lucro y las iniciativas innovadoras comunitarias. El estudio de García y Chandrasekhar (2020) se enfoca en la respuesta del sector sin fines de lucro durante la fase de recuperación de emergencia, y el estudio de Villarrubia-Mendoza y Vélez-Vélez (2020) se enfoca en el rol emergente de las organizaciones de base en la recuperación post-María.

La tercera sección de la introducción aborda los desafíos y las oportunidades en la recuperación de desastres para la industria de la vivienda y el desarrollo económico comunitario. Meléndez (2020) identifica la ausencia de políticas específicas a nivel estatal que beneficien el desarrollo comunitario, junto con un sistema de apoyo débil, como factores importantes que frenan la participación del sector sin fines de lucro en los programas federales de recuperación económica. Borges-Méndez (2020) propone que existe una desconexión entre la implementación local de los programas de recuperación de desastres, aunque muchas organizaciones ya tienen un historial comprobado de proyectos terminados y están superando activamente las barreras para expandir su participación en los programas de recuperación de desastres. En la sección final de la introducción discuto como Torres-Cordero (2020) enumera políticas más equitativas de otras jurisdicciones estatales destinadas a producir una recuperación mejor y más justa, una que el Gobierno de Puerto Rico puede optar por implementar en su gobernanza de la Subvención en Bloque para el Desarrollo Comunitario de Recuperación de Desastres (CDBG-DR, por sus siglas en inglés) y de Mitigación (CDBG-MIT, por sus siglas en inglés).

La última sección de la introducción está dedicada a destacar los hallazgos básicos de los estudios y las recomendaciones de políticas. Sigue siendo una pregunta abierta si Puerto Rico va a aprovechar esta oportunidad única para restaurar su economía e infraestructura de una manera más resiliente, mientras fortalece la capacidad del sector sin fines de lucro para la planificación comunitaria, el desarrollo de viviendas y la revitalización de vecindarios. Los estudios incluidos en este volumen proponen que los beneficios a largo plazo de los programas federales de recuperación de desastres dependen de que se reforme la política pública para alentar y apoyar la participación de desarrolladores sin fines de lucro en el desarrollo de programas de reconstrucción, fortalecer la capacidad de las organizaciones sin fines de lucro, fomentar asociaciones y colaboraciones, y brindar desarrollo profesional para la recuperación económica.

¿Dónde está la recuperación tres años después de los huracanes Irma y María?

Los indicadores comunes de recuperación posdesastre que se encuentran en la literatura incluyen el regreso de la población a las áreas afectadas después de los desastres naturales, la renovación de la actividad comercial y la restauración exitosa de la infraestructura dañada, como viviendas, infraestructura pública y servicios gubernamentales. En esta sección examino los indicadores empíricos asociados con estos diferentes aspectos de la recuperación posdesastre.

El cambio climático y el impacto devastador de peligros naturales más frecuentes e intensos en los Estados Unidos y en todo el mundo han inducido un esfuerzo renovado para comprender la recuperación posdesastre y desarrollar la resiliencia de la comunidad: la idea de que la reconstrucción posdesastre debe ir más allá de restaurar los sistemas predesastre y buscar mejoras en los sistemas que mitiguen los daños potenciales de eventos peligrosos futuros. Una revisión reciente de la literatura concluyó que, a pesar de los esfuerzos conceptuales y metodológicos en todas las disciplinas, hasta la fecha carecemos de un modelo integral de resiliencia comunitaria que incorpore la interdependencia de la infraestructura física, los sistemas sociales y económicos (Koliou *et al.* 2018). En este contexto, utilizo el modelo de medición de inferencia de resiliencia (MIR) para ilustrar cómo diferentes municipios se han adaptado a la devastación causada por los huracanes Irma

Figure 1. Resiliencia comunitaria (2016 a 2019) y cambio de la población (2017 a 2019) en Puerto Rico

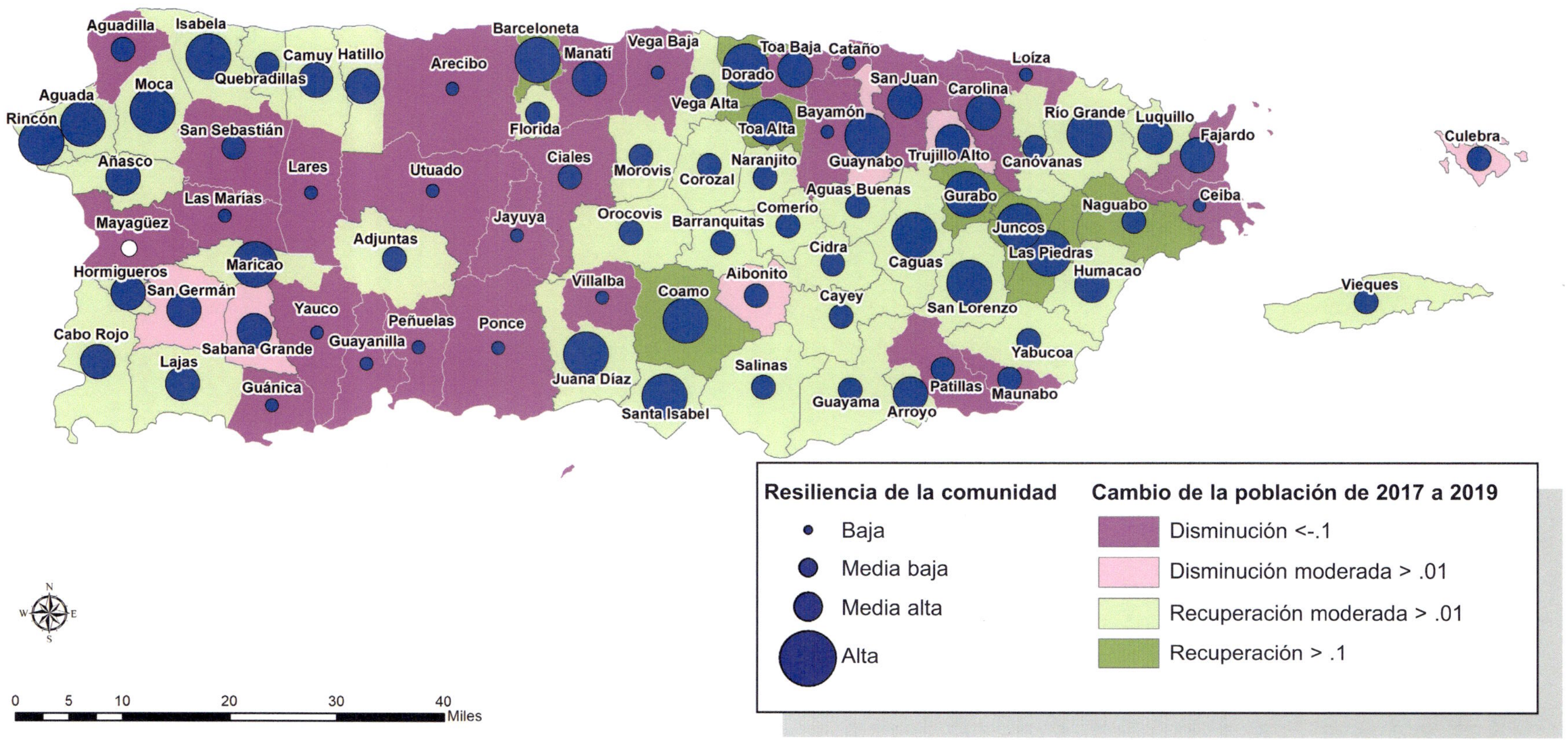

Fuente: Oficina del Censo de los Estados Unidos, Encuesta Comunitaria de Puerto Rico, estimados anuales, varios años. Conjunto de datos de Asistencia de Vivienda de FEMA.
Nota: Estimaciones y datos del autor disponibles a petición.

y María de 2017. El modelo MIR se adoptó para medir la resiliencia comunitaria en Puerto Rico porque se utilizó con éxito para "cuantificar la resiliencia a los peligros relacionados con el clima en 52 condados de EE. UU. a lo largo del norte del Golfo de México (Lam 2016)", una región que se asemeja a las tormentas (eventos peligrosos) que afectaron a Puerto Rico. El modelo MIR utiliza la exposición (el daño relativo de un evento peligroso en un municipio), el daño (la suma de todos los daños en un período de tiempo determinado) y la recuperación (el cambio en la población durante ese período de tiempo) como indicadores para la estimación del índice de resiliencia comunitaria. Dados estos parámetros, el modelo MIR clasifica a los municipios en cuatro grupos que van de resiliencia comunitaria baja a alta.[3]

La figura 1 muestra la clasificación de MIR de resiliencia comunitaria entre 2016 y 2019, el período anterior y posterior a los eventos peligrosos, y el cambio en la población de 2017 a 2019 en Puerto Rico por municipios. Después de más de una década de disminución constante de la población, Puerto Rico experimentó un modesto crecimiento de una décima parte del uno por ciento (0.01 por ciento) en la población en 2019. Como punto de referencia, la isla perdió más del dos por ciento (-2.39 por ciento) de la población en 2017, y casi el cuatro por ciento (-3.97 por ciento) en 2018, el año inmediatamente posterior a las tormentas. Evidentemente, el mapa muestra que existe una alta correlación entre la resiliencia comunitaria y los municipios que experimentaron una disminución o un crecimiento moderado de la población después de las tormentas. Los datos indican que los municipios con mayor resiliencia han estancado (hasta cierto punto) las pérdidas de población, mientras que las comunidades con baja resiliencia continúan experimentando una disminución de la población. Los municipios que experimentaron el aumento porcentual más alto en población y están clasificados en el grupo de alta resiliencia comunitaria incluyen Dorado (crecimiento poblacional del 1.03 por ciento), Barceloneta (1.12 por ciento), Juncos (1.15 por ciento), Coamo (1.25 por ciento), Las Piedras (1.30 por ciento), Naguabo (1.39 por ciento), Toa Alta (1.39 por ciento) y Gurabo (2.18 por ciento). Sin embargo, más de la mitad de los municipios muestran una baja resiliencia comunitaria y una continuación de la pérdida de población. En resumen, aunque hay indicios de una modesta recuperación general medida por el retorno de la población a las comunidades afectadas por las tormentas, la mayoría de las comunidades continúan experimentando el impacto adverso de los desastres y las continuas pérdidas de población.

La pérdida y renovación de la actividad empresarial sigue un patrón similar al observado para las pérdidas de población posdesastre y la población que regresa en los municipios. La actividad empresarial antes y después de los huracanes sirve como indicador de recuperación. En un estudio patrocinado por el equipo de Puerto Rico del proyecto de investigación longitudinal Global Entrepreneurship Monitor (GEM), Lobato, Álvarez y Aponte (2020) muestran cómo, inmediatamente después del huracán María, Puerto Rico experimentó "niveles inusualmente altos de cierres de establecimientos y contracción del empleo". Pero de marzo de 2018 a marzo de 2019, la apertura de empresas aumentó un 28 por ciento en comparación con el mismo período del año anterior, y el "efecto en la creación de empleos fue aun mayor, con un aumento del 39 por ciento en los puestos de trabajo creados en establecimientos recién abiertos" (Lobato, Álvarez y Aponte 2020). Estas tasas de cierre inicial de establecimientos y el impacto adverso en el empleo en Puerto Rico son similares a las de Luisiana después del huracán Katrina. Sin embargo, en el caso de Puerto Rico, "el aumento de la apertura de establecimientos duró más y estuvo acompañado de un aumento de los establecimientos en expansión a partir de marzo de 2018".

En conclusión, Lobato, Álvarez y Aponte (2020) establecen que:

> **A pesar de que la actividad empresarial de Puerto Rico sufrió un fuerte efecto negativo inicial, resurgió con fuerza después de los huracanes. Puede parecer paradójico, pero el desempeño de la actividad empresarial observado en Puerto Rico y Luisiana podría responder al comportamiento de resiliencia empresarial expuesto en la literatura. Esta hipótesis debe probarse en futuras investigaciones empíricas. Otras posibles razones para el aumento de la actividad empresarial podrían ser la inyección de fondos de ayuda a personas y empresas. [] Luego de más de una década de recesión o estancamiento, la economía de Puerto Rico necesita urgentemente nuevas fuentes de producción y empleo, pero los informes de GEM y otros proyectos de investigación internacionales señalan que la actividad empresarial nacional se enfrenta a un contexto infértil; varios factores cruciales obstaculizan el nacimiento y la supervivencia de las iniciativas empresariales.**

Dentro de este marco de referencia, es importante examinar con mayor detalle la implementación de los programas federales de desastres para Puerto Rico. El Programa de Asistencia Pública (AP) de FEMA se implementó inmediatamente después de las tormentas, y para fines de julio de 2020 había desembolsado $13.8 mil millones de los $29.4 asignados, o 46.9 por ciento del total (tabla 1). La mayoría de los fondos restantes están destinados al Programa de Subvenciones para Mitigación de Riesgos de FEMA (HMGP, Sección 404) y para ayudar a reconstruir el sistema de red eléctrica ($9.6 mil millones) y la recuperación del sistema educativo ($2 mil millones). Estos nuevos programas están financiados por los Procedimientos Alternativos de Asistencia Pública de FEMA, de conformidad con la Sección 428 de la Ley de Asistencia de Emergencia y Alivio de Desastres Robert T. Stafford. Bajo estos procedimientos, cuyo propósito es agilizar los proyectos mientras se reducen los costos, las jurisdicciones locales podrían aprovechar una vía rápida para la aprobación y el procesamiento de pequeños proyectos de hasta $120,000, que pueden incluir proyectos de mitigación en instalaciones que no sufrieron daños. A diferencia de AP, los proyectos de mitigación 404 se consideran parte de la fase de recuperación a largo plazo. Este programa de mitigación de $3 mil millones se complementa con $1 mil millones del programa CDBG-DR para compensar la participación local del programa, para un total de $4 mil millones en ese programa. Aunque cientos de proyectos presentados permanecen en la etapa de evaluación de la agencia, en julio de 2020 FEMA aprobó "525 declaraciones de intención (LOI, por sus siglas en inglés) de municipios, agencias y organizaciones privadas sin fines de lucro en Puerto Rico para ser evaluadas para mitigación de riesgos" (Correa 2020). Estas LOI pasan a la etapa de preparación de propuestas, que puede demorar alrededor de un año, y si tienen éxito pasarán a la implementación del proyecto. Las LOI pendientes continúan con el proceso de evaluación inicial y se espera que, dependiendo de los fondos disponibles, se invitarán proyectos adicionales a pasar a la etapa de preparación de propuestas. A pesar de las medidas extraordinarias impuestas por la administración del presidente Trump a los programas financiados con fondos federales en Puerto Rico (Fadulu y Walker 2020), el programa de mitigación 404 de FEMA avanza poco a poco hacia su implementación.

Tabla 1. Datos de gastos federales por desastres para todos los desastres declarados en 2017, Estados Unidos y Puerto Rico (miles de millones)

	Asignado	Obligados	Desembolsado
Estados Unidos (a)	118.6	81.3	42.1
(%)	100%	68.5%	35.5%
DHS-FEMA	49.4	49.4	29.6
HUD	35.4	12.7	0.950
Puerto Rico (b)	56.5	36.7	16.0
(%)	100%	65.0%	28.3%
DHS-FEMA	29.4	29.4	13.8
SBA	2	2	1.3
HUD	19.9	3.2	0.096
CDBG-DR (PA)	1.5	1.5	0.112
CDBG-DR	8.2	1.7	--
CDBG-MIT	8.4	--	--
CDBG-DR (EE)	1.9	--	--
DOD (CI)	2.5	0.095	0.041

Fuente: Spending Explorer de FEMA, datos al 31 de julio de 2020.
Notas:
(a) Incluye: FEMA y SBA para Harvey, Irma, María, 2017, incendios de CA, y otros desastres de 2017; Harvey, Irma, María, 2017, incendios de CA, y otros desastres de 2017 (PL 115-123); Harvey, Irma, María, 2017, incendios de CA (PL 115-156); Harvey, Irma, María, 2017, e incendios de CA (PL 115-72).
(b) Incluye Departamento de Seguridad Nacional (DHS) sin FEMA ni Departamento de Comercio.
(PA) Primera asignación: 9 de febrero, 2018.
(EE) Financiación asignada específicamente para aumentar y mejorar la infraestructura y los sistemas de energía eléctrica.
(CI) Cuerpo de Ingenieros-obras civiles.
Leyenda:
- Asignado: El Congreso apropió los fondos.
- Obligado: El gobierno ha firmado un acuerdo vinculante para otorgar fondos.
- Desembolsado: Se ha pagado el dinero.

La situación de las asignaciones del Congreso a HUD para programas de recuperación y mitigación de desastres para ayudar a Puerto Rico es más abrumadora que la implementación de los programas de mitigación a largo plazo de FEMA. La tabla 1 muestra los datos federales para todos los desastres declarados en 2017 en los Estados Unidos y Puerto Rico. El Congreso hizo la primera asignación a HUD para los programas CDBG-DR para Puerto Rico en febrero de 2018, solo unos meses después de los huracanes de 2017. El plan de acción CDBG-DR fue aprobado inicialmente por HUD en febrero de 2018 y desde entonces ha sufrido cuatro enmiendas sustanciales hasta la fecha. El proceso inicial de aprobación del plan de acción CDBG-DR para Puerto Rico se ajusta al cronograma de otras jurisdicciones. Sin embargo, el programa CDGB-MIT, que con $8.4 mil millones es la asignación más grande para los programas del HUD para la mitigación de desastres en Puerto Rico, acaba de completar la fase de comentarios públicos del plan de acción y actualmente se encuentra en revisión para su aprobación final.

La implementación de los programas de desastres de HUD en Puerto Rico está rezagada en comparación con otras jurisdicciones. De la asignación inicial de $1.5 mil millones en febrero de 2018, desembolsados principalmente para rehabilitación y asistencia de viviendas, solo $96 millones se habían desembolsado a fines de julio de 2020. De manera similar, hasta la fecha solo $3.2 mil millones de los $19.9 mil millones se han comprometido para programar proyectos o gastos administrativos. Según Martin (2018), el proceso típico "toma de 9 a 12 meses después de que se apruebe un plan de acción (lo que generalmente ocurre dentro de los meses posteriores a la notificación de asignación del HUD) para contratar personal, contratar contratistas y consultores, y desarrollar sistemas de administración e información". Según este estándar, que se basa en un análisis de los planes de acción de los beneficiarios de CDBG-DR para desastres de 2003 a 2014, hasta ahora la implementación del programa en Puerto Rico está tomando el doble de tiempo que el plazo habitual para otras jurisdicciones en los Estados Unidos. Con base en la evidencia acumulada de las jurisdicciones de los estados, Martin (2018) afirma que, con respecto a los proyectos típicos de desastres, "con la misma muestra de subvenciones, las actividades de vivienda en promedio tardan 4.7 años en completarse desde el momento en que se declara un desastre, y las subvenciones generales (incluidas las actividades no relacionadas con la vivienda) tardan en promedio 5.1 años" (2018, 5). Teniendo en cuenta la implementación del programa CDBG-DR hasta la fecha, es de esperarse que completar el programa en Puerto Rico exceda el periodo típico de implementación del programa CDBG-DR en otros lugares.

La rehabilitación de viviendas, la reconstrucción o la facilitación de la reubicación de víctimas de desastres en Puerto Rico son actividades hechas a medida para corporaciones de desarrollo comunitario (CDC, por sus siglas en inglés).

Hasta la fecha, los contratos CDBG-DR del Departamento de Vivienda de Puerto Rico por un total de $723 millones se han destinado en su totalidad al sector privado, y el 62 por ciento de este total se adjudicó a corporaciones extranjeras (Meléndez 2020, tabla 3). Estos contratos son principalmente para el programa de vivienda Reparación, Reconstrucción o Reubicación (R3), que representa el 24 por ciento de la asignación total de $3 mil millones para este programa. Aunque la capacidad del sector sin fines de lucro para participar en subastas por estos contratos fue restringida dadas las especificaciones de la Aviso de Disponibilidad de Fondos (NOFA) del Departamento de Vivienda de Puerto Rico (Vivienda) aprobado por HUD, otras jurisdicciones estatales han implementado políticas más inclusivas para apoyar el desarrollo de capacidades para los municipios y contratistas locales sin fines de lucro. La rehabilitación de viviendas, la reconstrucción o la facilitación de la reubicación de víctimas de desastres en Puerto Rico son actividades hechas a medida para corporaciones de desarrollo comunitario (CDC, por sus siglas en inglés). Muchos de las CDC ya están implementando algunas de estas actividades en una escala modesta con el apoyo del sector privado. Dada la política adecuada (es decir, un NOFA más inclusivo), las CDC están en condiciones de participar como contratistas en las asignaciones futuras de las tres cuartas partes restantes de los fondos de este programa.

Los acuerdos de sub-beneficiarios del programa CDBG-DR de Vivienda se han destinado a agencias del Gobierno de Puerto Rico, municipios y organizaciones sin fines de lucro. Del total de $679 millones de los acuerdos de Vivienda con sub-beneficiarios de CDBG-DR de 2018 a 2020, el 84 por ciento se asignó a agencias gubernamentales y dos recién creadas organizaciones sin fines de lucro afiliadas al gobierno. Los municipios están destinados a recibir el 5.5 por ciento y a las organizaciones sin fines de lucro se les asignó el 12.7 por ciento (Meléndez 2020, tabla 4). Considerando tanto los contratos como los acuerdos por un total de $1.4 mil millones, $723 millones (o 52 por ciento) se asignan al sector privado (de los cuales dos tercios se asignan a corporaciones extranjeras), las agencias del gobierno central están destinadas a recibir $556 millones (40 por ciento), organizaciones sin fines de lucro no afiliadas al gobierno están destinadas a recibir $86 millones (6 por ciento) y los municipios reciben $38 millones (2.7 por ciento). A pesar del panorama sombrío de las asignaciones de CDBG-DR que apoyan las actividades del programa implementadas por organizaciones sin fines de lucro y municipios, es importante considerar que la implementación de los programas de CDBG-DR se encuentra en sus fases iniciales y que el plan de acción de CDBG-MIT aún se encuentra en la etapa de aprobación. Un cambio en las administraciones en el gobierno local y en el federal podría conducir a un marco de políticas más inclusivo para las organizaciones sin fines de lucro y los municipios, y la mayor parte de los fondos federales para desastres aún no se han asignado.

En resumen, tres años después de la Declaración de Desastre Mayor por parte de las autoridades federales en relación con los huracanes de 2017 en Puerto Rico, los indicadores económicos, poblacionales y del programa de desastres nos muestran una recuperación desigual y lenta. Por un lado, a pesar de la falta de coordinación y la respuesta errática de los gobiernos federal y de Puerto Rico al evento catastrófico y el colapso de la infraestructura pública, el sector sin fines de lucro, con el apoyo de los sectores filantrópico y privado y de empresas locales, tuvo una respuesta inicial firme durante la fase de emergencia de recuperación. Pero la transición a la recuperación a largo plazo, que requiere la implementación de programas de recuperación posdesastres, ha sido lenta y en gran parte divorciada de la participación de recursos locales. La siguiente sección analiza el sector sin fines de lucro en Puerto Rico y su participación actual y potencial en la recuperación económica.

El sector sin fines de lucro en Puerto Rico y su participación en la recuperación económica

El rol catalizador de las organizaciones sin fines de lucro en la movilización de recursos locales, la coordinación de los servicios de emergencia con el gobierno y la promoción de una infraestructura comunitaria más resiliente está bien establecido en la literatura (Eller *et al.* 2015; Luna 2013; Patterson *et al.* 2010; Robinson y Murphy 2014). Sin embargo, una de las preguntas críticas para la política de recuperación de desastres en Puerto Rico es si las organizaciones locales sin fines de lucro son capaces de implementar programas de manera efectiva. Esta pregunta está parcialmente relacionada con la capacidad del sector en general, y en específico, con su experiencia y capacidad para participar en programas federales de recuperación durante un largo período. Comienzo esta sección brindando un retrato general del sector sin fines de lucro en Puerto Rico, y luego resumiendo los hallazgos clave del estudio de García y Chandrasekhar (2020) sobre

Tabla 2. Empleos en Puerto Rico por sector, 2019 (Población civil de 16 años o más)

Privado	661,320	70.9%
Cuentapropis-tas	26,671	2.9%
Sin fines de lucro	40,676	4.4%
Gobierno	204,510	21.9%
Total	933,177	100.0%

Fuente: Oficina del Censo de los Estados Unidos, Encuesta Comunitaria Estadounidense de 1 Año, 2019, identificación de tabla: C24060

Figura 2. Tipos de organizaciones no gubernamentales

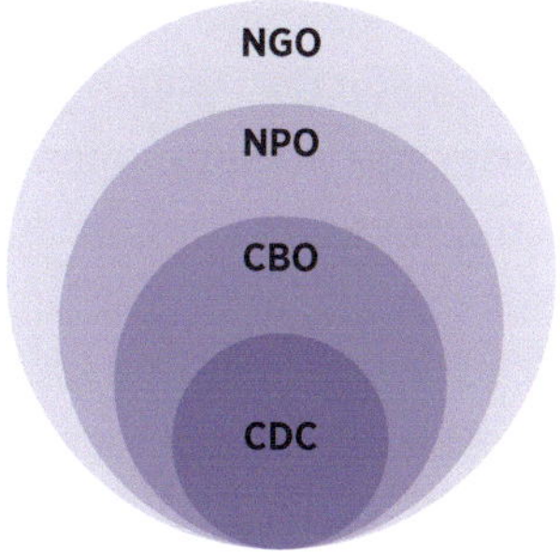

la respuesta del sector sin fines de lucro durante la fase de recuperación de emergencia y el estudio de Villarrubia-Mendoza y Vélez-Vélez (2020) sobre el rol emergente de las organizaciones de base en la recuperación post-María.

Primero, como se muestra en la tabla 2, el sector sin fines de lucro en Puerto Rico emplea a 40,676 (o 4.4 por ciento) de la población civil de 16 años o más. Para ponerlo en contexto, el sector sin fines de lucro constituye el 10 por ciento de la fuerza laboral estadounidense.[4] En resumen, aunque el sector sin fines de lucro constituye una porción significativa de la economía y la fuerza laboral de Puerto Rico, es aproximadamente la mitad del tamaño de este sector en el estado promedio.

La figura 2 ilustra los diversos tipos de organizaciones no gubernamentales (ONG) que componen el universo sin fines de lucro. Teniendo en cuenta que la gráfica está destinada a ilustrar un concepto y no las proporciones reales de participación en la industria, todas las organizaciones sin fines de lucro son ONG. Usamos esta distinción para denotar un grupo significativo de organizaciones benéficas internacionales conocidas típicamente como ONG. Este tipo de organización está activa en los Estados Unidos e incluye organizaciones reconocidas como el Comité Olímpico Internacional y

Amnistía Internacional, entre muchas otras.[5] De otro lado, hay ONG con sede en Estados Unidos que tienen considerables carteras internacionales, como la Cruz Roja o el Ejército de Salvación. La definición legal de una organización sin fines de lucro en los Estados Unidos es que son organizaciones caritativas exentas del Servicio de Ingresos Internos (IRS, por sus siglas en inglés).

Con fines analíticos, como se ilustra en la figura 2, divido el sector sin fines de lucro comprometido con el desarrollo comunitario en dos tipos de organizaciones: organizaciones de base comunitaria (OBC) y corporaciones de desarrollo comunitario (CDC). Ambos tipos de organización se basan en el lugar, lo que los distingue de otras organizaciones sin fines de lucro. Las OBC y CDC se centran en un vecindario o varios, y pueden operar a nivel local, regional o nacional. Las CDC son la columna vertebral de la industria del desarrollo comunitario. Muchas CDC incluyen servicios sociales, planificación y organización comunitaria, y programas típicos de otros tipos de OBC u organizaciones sin fines de lucro; sin embargo, se diferencian de otras organizaciones comunitarias en que se enfocan en vivienda asequible, desarrollo empresarial y otros proyectos de desarrollo económico que generan ingresos (Meléndez y Servon 2007).

El sector sin fines de lucro en Puerto Rico comprende 1,510 organizaciones registradas en el Departamento de Estado de Puerto Rico y 114 cooperativas registradas en la Corporación Pública para Supervisión y Seguro de Cooperativas de Puerto Rico (COSSEC). De estas 1,608 organizaciones,[6] 466 eran organizaciones exentas del IRS. En 2019, como se muestra en la tabla 3, las 466 organizaciones exentas del IRS en Puerto Rico que radicaron 990 declaraciones (para el año calendario 2018), posiblemente la cohorte más sólida dentro del sector sin fines de lucro en Puerto Rico, reportaron $3 mil millones en ingresos totales y $7 mil millones en activos. Ya sea que se midan por ingresos o activos promedio, las organizaciones de salud y educación representan la mayor parte de las grandes organizaciones sin fines de lucro. Estos sectores incluyen los mejores hospitales y universidades de la isla, algunos de los cuales superan los ingresos y activos anuales de más de $100 millones. El sector cooperativo también incluye organizaciones grandes. Es necesario tener en cuenta que menos de un tercio de todas las cooperativas radicó declaraciones 990 como organizaciones exentas del IRS y, por lo tanto, los ingresos y activos promedio no son representativos de la industria completa. Según las radicaciones financieras más recientes presentadas a la COSSEC en 2018, había 114 cooperativas en Puerto Rico con $8.8 mil millones en activos, 996,132 miembros y 2,899 empleados (COSSEC 2018). Un puñado de cooperativas de ahorro y crédito también son del Fondo de Instituciones Financieras de Desarrollo Comunitario (CDFI, por sus siglas en inglés). Aunque la participación de las cooperativas en la industria del desarrollo de vivienda asequible es limitada, una cantidad significativa de cooperativas proporciona a sus miembros hipotecas para vivienda.

Sin embargo, sigue siendo una pregunta abierta si las organizaciones sin fines de lucro pueden navegar con éxito el dinamismo y la incertidumbre del proceso de recuperación de desastres en Puerto Rico. Las investigaciones muestran

Tabla 3. Radicaciones presentadas por organizaciones exentas del IRS en el año calendario 2019 (de formularios 990)

		INGRESO		ACTIVOS	
Sector	**Cantidad**	**Total**	**Promedio**	**Total**	**Promedio**
Artes, cultura y humanidades		29,126,795	1,266,382	85,557,722	3,719,901
Cooperativas	16	141,527,602	8,845,475	2,525,222,028	157,826,377
Educación	89	1,014,567,503	11,399,635	1,829,698,789	20,558,413
Salud	81	1,378,082,922	17,013,369	1,495,944,636	18,468,452
Vivienda y desarrollo comuni-tario	58	46,655,404	804,404	173,006,470	2,982,870
Corporaciones de desarro-llo comunitario (CDC)	12	12,124,396	1,010,366	56,257,777	4,688,148
Servicios humanos	117	176,099,476	1,505,124	200,975,876	1,717,743
Otros cívicos	53	167,839,988	3,166,792	158,677,918	2,993,923
Seguridad pública	29	76,149,905	2,625,859	514,656,348	17,746,771
TOTAL	466	3,030,049,595	6,476,234	6,983,739,787	50,566

Fuentes: https://www.irs.gov/statistics/soi-tax-stats-annual-extract-of-tax-exempt-organization-financial-data; y https://www.irs.gov/charities-non-profits/exempt-organizations-business-master-file-extract-eo-bmf que las redes y la comunicación pueden proporcionar a las organizaciones comunitarias nuevas vías de información y acción (Quarantelli 1999), aumentar sus capacidades disminuidas, proporcionar mejores medios de representación comunitaria y mejorar la "cognición" del "riesgo emergente al que una comunidad está expuesta y actuar basándose en esa información" (Comfort 2007). La evidencia también sugiere que los vecindarios que emprenden redes sociales pueden estar en mejores condiciones de responder a los desastres porque se facilita el intercambio de información, la acción colectiva y el acceso a nuevos recursos para la recuperación (Aldrich 2012). Las organizaciones comunitarias desempeñan un rol fundamental en la recuperación de desastres, dada su capacidad para motivar el voluntariado, evaluar las necesidades locales y distribuir bienes y ayuda (Patterson *et al.* 2010).

Con el apoyo del Centro de Estudios Puertorriqueños, García y Chandrasekhar (2020) realizaron un estudio para determinar el papel de las organizaciones sin fines de lucro en la recuperación de desastres, la capacidad organizativa y de redes, y en qué medida están implementando medidas de desarrollo de capacidades. Con una selección al azar del universo de organizaciones sin fines de lucro en Puerto Rico, realizaron 235 entrevistas telefónicas, así como entrevistas en profundidad con veintiún residentes y directores ejecutivos de agencias.

Primero, la encuesta solicitó a las organizaciones que identificaran los desafíos más frecuentes que se enfrentaban desde el huracán. Como se muestra en la tabla 4 y podría esperarse, los encuestados informaron que el reto más frecuente que enfrentaron desde el huracán fueron los daños a la infraestructura e instalaciones de sus edificios (45 por ciento). La segunda respuesta más frecuente fue un aumento en la demanda de los servicios proporcionados por la organización (14 por ciento). "Otro" se refiere a pérdida de financiamiento, falta de información sobre subvenciones, mayor burocracia y falta de comunicación, entre otras respuestas. En términos de la capacidad existente, encontraron que el enfoque principal de las organizaciones eran los programas de educación; el desarrollo comunitario y la salud eran los siguientes más destacados (figura 3). Sin embargo, es notable que la vivienda y el desarrollo económico, las actividades centrales de los CDC y el enfoque de los programas de reconstrucción, fueron actividades informadas por un número relativamente pequeño de organizaciones, el 20 por ciento o menos de las organizaciones.

Los hallazgos más importantes del estudio de García y Chandrasekhar (2020) son los siguientes:

1. El desastre natural tuvo un impacto significativo en las organizaciones sin fines de lucro física y operativamente, mientras que las interacciones con otras organizaciones sin fines de lucro locales se han incrementado sustancialmente. Sin embargo, las organizaciones sin fines de lucro se sienten menos conectadas con el gobierno;
2. hay mucha energía en el sector sin fines de lucro, como lo demuestra la mayor demanda de servicios y las misiones cambiantes para responder a esta demanda;
3. se ha intensificado la interacción local entre organizaciones sin fines de lucro; sin embargo, las organizaciones sin fines de lucro no están tan empapadas en las estructuras formales de recuperación (financiamiento o información) relacionadas principalmente con el gobierno, y resulta un poco sorprendente que la preparación para desastres no se encuentre entre las opciones principales para el desarrollo programático; y

Tabla 4. Desafíos organizacionales de las sin fines de lucro en el Puerto Rico post-María

Categoría	Número	Porcentaje
Edificios afectados	105	45%
Pérdida de empleados	16	7%
Pérdida de información o datos	15	6%
Más demanda por los servicios	34	14%
Falta de conocimiento en construcción	9	4%
Otra	55	24%
Total	234	100%

Fuente: García y Chandrasekhar (2020). Impact of Hurricane Maria to the civic sector and disaster recovery capacity in Puerto Rico Survey, 2019. Center for Puerto Rican Studies, Hunter College CUNY.

Figura 3. Objetivos del enfoque laboral o impacto social de las organizaciones sin fines de lucro en Puerto Rico

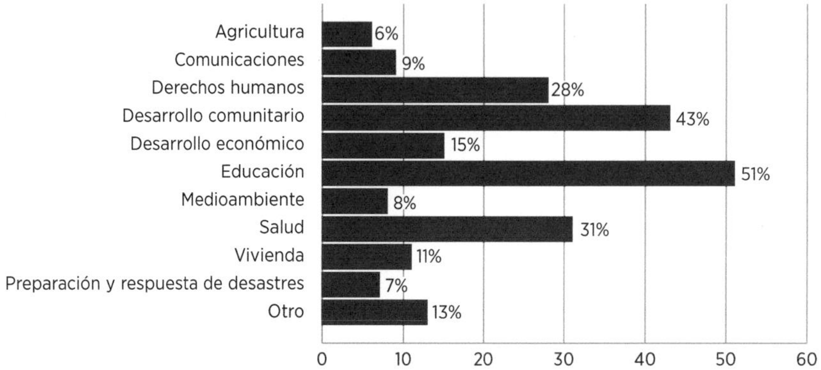

Fuente: García y Chandrasekhar (2020). Impact of Hurricane Maria to the civic sector and disaster recovery capacity in Puerto Rico Survey, 2019. Center for Puerto Rican Studies, Hunter College CUNY.

4. las organizaciones quieren más ayuda con el desarrollo de capacidades en todos los ámbitos —desde una mejor comprensión de los programas de recuperación hasta la redacción de subvenciones— para cerrar una gran brecha entre la disponibilidad de fondos y la adquisición exitosa de subvenciones.

El estudio de García y Chandrasekhar (2020) indica que las organizaciones locales sin fines de lucro están profundamente arraigadas en las comunidades y se les debe fomentar a participar en los esfuerzos de recuperación. Sin embargo, los hallazgos de la encuesta de organizaciones sin fines de lucro en Puerto Rico indican la urgente necesidad de mejorar la capacidad de las organizaciones comunitarias locales para participar de manera más efectiva en la recuperación de desastres. Hay una falta de organizaciones dedicadas o con la capacidad de implementar vivienda y desarrollo económico, que son competencias clave requeridas para los programas de recuperación locales y federales. La participación efectiva de las organizaciones sin fines de lucro requeriría acceso a fondos de recuperación gubernamentales y federales para proyectos comunitarios. En parte, existe una gran necesidad de políticas más inclusivas que apoyen la creación de capacidad local para la reconstrucción, y en parte, la asignación de fondos debe ser más independiente de la estructura política local. Según las respuestas a la encuesta, hasta la fecha, las organizaciones sin fines de lucro que participan en la recuperación económica están siendo financiadas principalmente por fuentes privadas y contribuciones de los miembros. Aunque las organizaciones sin fines de lucro puedan tener conocimiento sobre oportunidades de financiamiento federal, no están solicitando estos fondos con éxito o, cuando los solicitan, no están teniendo éxito en acceder a estos fondos. Además de la necesidad de tener políticas que fomenten la participación, estos hallazgos indican que existe una clara necesidad de asistencia técnica y desarrollo de capacidades para acceder a fondos federales. Estos hallazgos de la encuesta son un primer paso hacia la comprensión de cómo las organizaciones sin fines de lucro están interesadas y ansiosas por aumentar su capacidad para participar en la recuperación de desastres.

El estudio de Villarrubia-Mendoza y Vélez-Vélez (2020) sobre el rol emergente de las organizaciones de base en la recuperación post-María, incluido como parte de este volumen de CENTRO Journal, examina la participación ciudadana de base y el compromiso local en la recuperación de desastres en Puerto Rico a través del prisma del surgimiento de iniciativas comunitarias conocidas como "centros de apoyo mutuo" (CAM) en toda la isla. Los CAM son proyectos basados en principios de autogestión y están reconocidos en la literatura sobre recuperación de desastres como organizaciones comunitaria de base, ayuda mutua, empoderamiento comunitario y desarrollo económico, y movimientos sociales asociados con la resistencia a iniciativas estatales de arriba hacia abajo.[7] El estudio tomó más de un año de observación participante etnográfica y realizó entrevistas en profundidad con líderes y miembros de nueve de los CAM que surgieron después de los huracanes de 2017. Según el estudio de Villarrubia-Mendoza y Vélez-Vélez (2020), los CAM participan en una amplia gama de proyectos e iniciativas que incluyen programas de vivienda en cooperativas comunitarias, independencia energética, agricultura sostenible y capacitación empresarial, entre otros. Mediante el compromiso de la comunidad, estas organizaciones están redefiniendo la visión de un proceso de recuperación más inclusivo que abarca una transformación social más amplia. Están enfrentando y creando conciencia sobre la participación *pro forma* en las vistas de financiamiento de CDBG, la negación del acceso a las escrituras de escuelas y edificios abandonados, o el continuo socavamiento de las necesidades básicas de las comunidades afectadas.

Tres años después de que el huracán María devastó Puerto Rico, los CAM continúan proporcionando un modelo de base para la reconstrucción y la resiliencia comunitaria, un modelo de proceso de recuperación que cuestiona cómo las estructuras institucionales han distribuido la manifestación del daño. Los CAM establecen un marco que busca mejorar las condiciones socioeconómicas dentro de sus comunidades, produciendo un modelo de transformación social más allá del contexto de desastre. A medida que estos grupos de base se involucran en el emprendimiento social, se enfrentan a los desafíos que enfrentan las organizaciones sin fines de lucro en general: cómo sostener estos modelos alternativos de recuperación mientras continúan desafiando el actual proceso de recuperación de desastres y los programas de reconstrucción. En la siguiente sección de este artículo, examino cómo las organizaciones sin fines de lucro y las corporaciones de desarrollo comunitario (CDC), organizaciones que se especializan en vivienda y desarrollo económico comunitario, desarrollan su capacidad para poder aprovechar la ventana de oportunidad brindada por el proceso de reconstrucción y la recuperación de desastres.

La industria de la vivienda y el desarrollo económico comunitario y la recuperación económica de Puerto Rico

Hay una ventana de oportunidad única en Puerto Rico para capitalizar los fondos federales de reconstrucción para apoyar el desarrollo de una industria de vivienda y desarrollo comunitario más sólida, anclada en los principios del emprendimiento social como base para la revitalización de vecindarios y el desarrollo económico local. Las empresas y los proyectos sociales[8] son emprendimientos de organizaciones privadas sin fines de lucro o unidades especiales del gobierno local que operan como negocios. Sin embargo, el emprendimiento social, un componente central de la industria del desarrollo comunitario en los estados, que también es posiblemente la base de los subsectores más desarrollados entre las organizaciones sin fines de lucro en Puerto Rico (por ejemplo, cooperativas, educación y salud), es una necesidad crítica que tienen las organizaciones sin fines de lucro de desarrollo comunitario y servicios humanos en Puerto Rico, especialmente considerando el rol crítico que la industria del desarrollo comunitario podría tener en la reconstrucción económica. Existen numerosas razones para la capacidad existente o falta de capacidad de la industria del desarrollo comunitario y el uso de fondos federales para el desarrollo de proyectos sociales en Puerto Rico. Como discutiré a continuación, la ausencia de políticas estatales específicas que beneficien y que a menudo impidan el desarrollo, junto con un sistema de apoyo débil, son factores importantes que frenan la participación del sector sin fines de lucro en los programas federales de recuperación económica.

La distinción entre organizaciones de base comunitaria (OBC) y corporaciones de desarrollo comunitario (CDC) es particularmente relevante en el contexto de la implementación de programas de recuperación financiados con fondos federales. Aunque ambos tipos de organizaciones sin fines de lucro se basan en comunidades, los CDC se especializan en rehabilitación de viviendas, desarrollo de vivienda asequible, desarrollo comercial y otros proyectos de desarrollo económico que generan ingresos (Meléndez y Servon 2007). Estas capacidades organizativas son necesarias para la mayoría de los proyectos de recuperación de desastres. La tabla 5 muestra los programas CDBG-DR de Puerto Rico para un total de $9 mil millones. De este total, el 50 por ciento de los fondos se dedica a vivienda; el 15 por ciento, al desarrollo económico; el 14 por ciento, a la revitalización de la ciudad (vecindario); y el 1.2 por ciento, a la planificación comunitaria. La participación en el programa de rehabilitación y construcción de vivienda asequible requiere que las organizaciones sin fines de lucro, además de haber sido incorporadas bajo la Sección 501(c)(3) del IRS, estén certificadas por el HUD como Organización de Desarrollo de Vivienda Comunitaria (CHDO, por sus siglas en inglés) o estar certificadas como Agencia Local de Asesoramiento de Vivienda (LHCA, por sus siglas en inglés) para ayudar a los consumidores a participar en los programas de subsidios de vivienda de HUD y otras agencias

Programa de Educación Continua para la Recuperación de Puerto Rico Posdesastre

Continuing Education Program for Puerto Rico's Post Disaster Recovery

Programa De Educacion Continua

Email Facebook Twitter LinkedIn

Este programa ofrece capacitación a profesionales involucrados en la recuperación económica de Puerto Rico tras los desastres que ha sufrido. El programa ofrece una serie de cursos a modo de educación continua en base a destrezas de capacitación para que los profesionales de la recuperación económica adquieran las destrezas necesarias para enfrentar un contexto nuevo y desafiante: el impacto cumulativo de la pandemia de COVID-19, la crisis económica, el azote del huracán María y los terremotos, y la manera de aprovechar las oportunidades que ofrecen los fondos federales CDBG-DR y de mitigación, entre otros.

En este contexto, uno de los obstáculos fundamentales para fomentar la participación comunitaria y la participación del sector sin fines de lucro en la recuperación económica es el número insuficiente de profesionales con las habilidades y la experiencia para implementar proyectos de vivienda y de desarrollo económico; y para los municipios, la falta de profesionales que dirijan proyectos de planificación económica. Una evaluación de las tareas y competencias asociadas con la recuperación económica y la planificación comunitaria apunta a la necesidad de hacer disponible la capacitación profesional interdisciplinaria que faculte a los participantes a recopilar y analizar datos relevantes para la implementación de proyectos de recuperación, y que fomente la comprensión de las regiones, la reconstrucción municipal y el contexto de política pública posdesastre en el que operan estos programas.

Los cursos del programa se ajustan a los conjuntos de aptitudes específicas para la contratación de servicios profesionales en las convocatorias emitidas por el Departamento de Vivienda de Puerto Rico (DVPR) para los programas financiados por CDBG-DR, CDBG-MIT; FEMA; la Oficina Central de Recuperación, Reconstrucción y Resiliencia (COR3); y otras agencias federales (e.g., USDA, SBA, EDA) y estatales a cargo de la reconstrucción económica y la mitigación. La certificación de competencia que ofreceremos parte de la premisa de que tanto los funcionarios de estas agencias como los contratistas responsables de implementar estos programas requieren un conocimiento básico que ya tienen otros funcionarios de agencias estatales y municipales, organizaciones sin fines de lucro, negocios y otros colaboradores esenciales para que estos programas se lleven a cabo exitosamente. La adquisición de destrezas necesarias para la recuperación económica es fundamental para los empleados existentes o para el personal que estos colaboradores (patronos municipales o sin fines de lucro) contratarán para el desarrollo y la ejecución de proyectos para la recuperación económica posdesastre.

Los primeros tres cursos del programa son de fundamentos o de introducción. La certificación requiere completar dos de estos tres cursos básicos, además de tres cursos electivos, y la práctica: el curso "Redacción de propuestas exitosas". La práctica se centra en el desarrollo de una propuesta de proyecto de desarrollo económico, que incluye financiamiento y presupuesto, para una organización comunitaria o un municipio.

REGISTRO

METAS Y OBJETIVOS

Instructores / Instructors

CURSOS

Mitigación y marco de recuperación ante desastres

"Nuevos cursos"
"New courses coming soon"

Conceptos y métodos para la reconstrucción económica

Planificación para la recuperación posdesastre

Fondos CDBG-DR y otros fondos de recuperación económica

La vivienda en recuperación económica y revitalización urbana

Modelos, sostenibilidad y opciones legales para la empresa social

Administración y manejo de subvenciones federales

Financiación y desarrollo de viviendas y edificios comerciales

Desarrollo de la producción agrícola y agronegocios

Cómo comenzar o transformar una organización sin fines de lucro (OSFL) en una corporación de desarrollo comunitario (CDC)

Cómo desarrollar un centro comunal resiliente y de desarrollo económico y social

PRACTICA

Redacción de propuestas exitosas

REGISTRO

Certificación Profesional de Recuperación Posdesastre
Centro de Estudios Puertorriqueños
(Hunter College/CUNY)

Booklets

Puerto Rico Post-Hurricane
Few Americans will forget the controversy over President Donald Trump's...

State of Puerto Ricans 2017
THE STATE OF PUERTO RICANS 2017 Edited by Edwin Meléndez and Carlos Vargas...

Puerto Rico in Crisis
Since 2006 Puerto Rico has been facing an unprecedented economic and...

U.S. Citizenship in Puerto

Biografías de Instructores

Instructors' bios

Descripción de los cursos

Course descriptions

Conozca los cursos obligatorios y optativos

Learn about required and elective courses

Registro

Register

Leer más sobre la certificación

Read more about certification

Ver video introductorio

Watch introductory video

Ir a / Go to:
https://centropr.hunter.cuny.edu/education/ec

RebuildPR Web Map Application

Aplicación de mapa web RebuildPR

Design your map: base map, key info, summary, print

Diseñe su mapa: mapa base, información clave, resumen e imprima

Select layer

Seleccionar capa del tablero

Share your map when completed

Comparta su mapa cuando esté completo

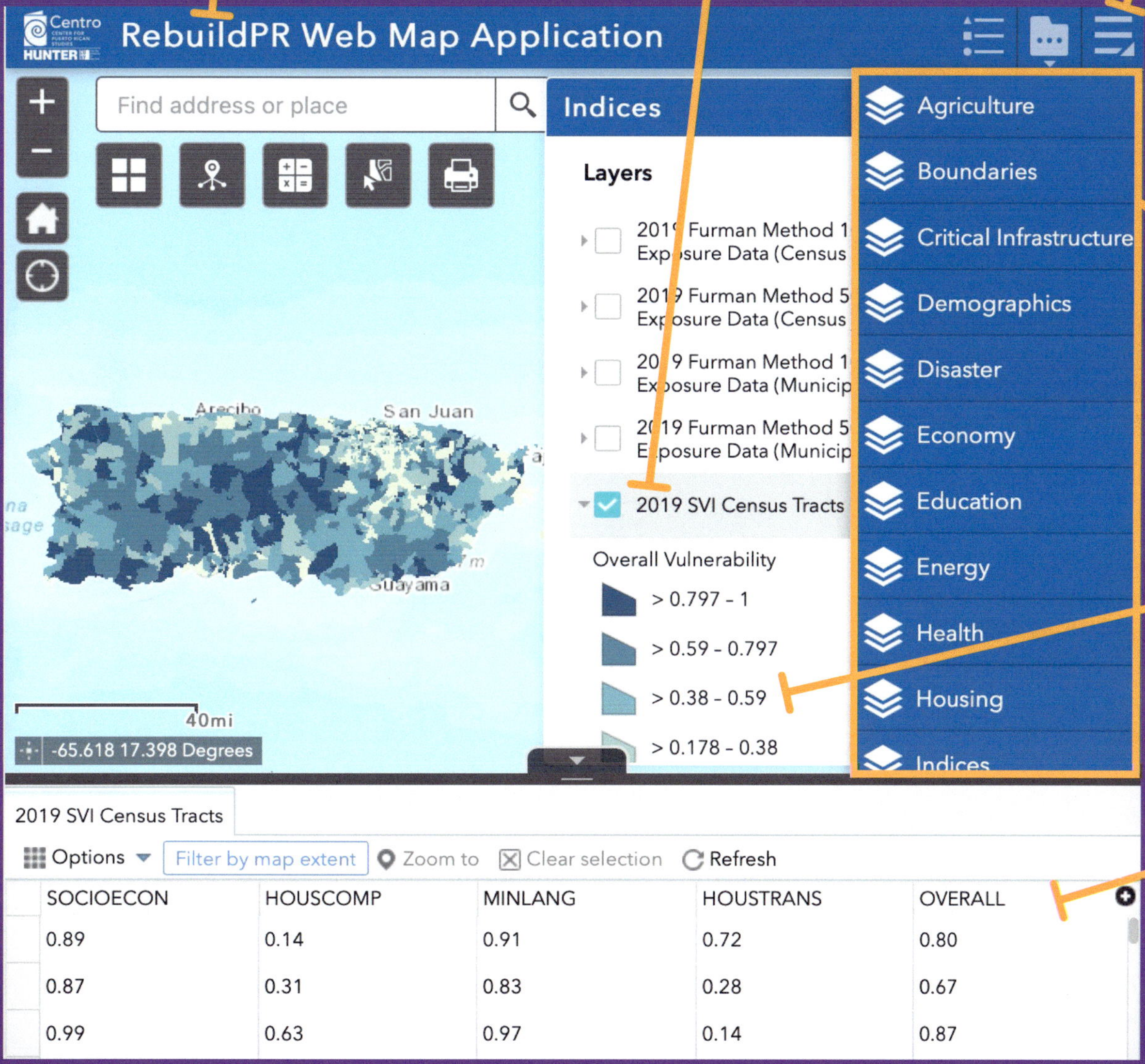

Thematic layers

Panel de control de capas temáticas

Legend

Leyenda

Display layer data as a table

Mostrar datos de capa como una tabla

Ir a / Go to:

https://centropr.hunter.cuny.edu/rebuildpr-web-map-application

Tabla 5. Programas CDBG-DR (en millones)

PROGRAMA	ASIGNACIÓN	PORCENTAJE
Planificación	150	1.7%
Programa de Infraestructura Geoespacial de Puerto Rico (GeoFrame)	50	
Programa para la Recuperación Municipal	39	
Programa de Planificación Integral de la Resiliencia Co-munitaria	55	
Programa para la Competencia de Innovación de Resili-encia en el Hogar	6	
Vivienda	4,489	50.1%
Programa de Reparación, Reconstrucción o Reubicación	3,026	
Programa de Subsidio de Alquiler	10	
Programa de Asistencia al Comprador	350	
Programa de Autorización de Títulos	40	
Programa de Vivienda de Interés Social	33	
CDBG-DR Gap para Programa de Créditos Contributivos de Vivienda por Ingresos Bajos (LIHTC)	413	
Programa de Asesoría de Vivienda	18	
Programa Instalaciones Comunitarias para la Resiliencia Energética y de Abastecimiento de Agua	300	
Programa de Reparación, Reconstrucción y Resiliencia de Viviendas Multifamiliares	300	
Economía	1,318	14.7%
Programa de Agricultura Urbana-Rural Re-Grow PR	93	
Programa de Incubadoras y Aceleradoras de Pequeñas Empresas	35	
Programa de Financiamiento de Pequeñas Empresas	225	
Programa de Capacitación Laboral	40	
Programa de Préstamo Rotativo Comercial o de Con-strucción	100	
Programa de Cartera de Inversión en Desarrollo Económico	800	
Programa de Mercadeo de Turismo y Negocios	25	
Infraestructura	1,475	16.5%
Programa de Pareo de Partidas No Federales	1,000	
Programa de Centros de Resiliencia Comunitaria	75	
Programa de Resiliencia de la Infraestructura Crucial	400	
Multisectorial	1,523	17.0%
Programa de Rehabilitación de la Ciudad	1,223	
Programa Puerto Rico Se Diseña	300	
Total	8,954	100%

Fuente: Departamento de la Vivienda de Puerto Rico, programa CDBG-DR. Accedido el 6 de octubre, 2020 en https://cdbg-dr.pr.gov/en/.

federales. Los CDC a menudo obtienen certificaciones adicionales del Departamento del Tesoro de los Estados Unidos como CDFI o Entidad de Desarrollo Comunitario (CDE, por sus siglas en inglés). Estas certificaciones son una condición previa para recibir fondos federales para ciertos programas de desarrollo comunitario.[9] Las OBC que carecen de estas capacidades se enfrentan a un desafío repentino de desarrollo de capacidades o la necesidad de asociarse con CDC que posean estas capacidades y certificaciones para participar en programas de reconstrucción financiados con fondos federales.

El tamaño relativo y la fuerza de la industria de la vivienda y el desarrollo comunitario en Puerto Rico deben entenderse en el contexto de los sectores sin fines de lucro y cooperativas. Al evaluar el subsector sin fines de lucro de vivienda y desarrollo comunitario con las mismas métricas que usamos anteriormente, este subsector tiene los promedios más bajos para ingresos y activos, excepto para el subsector de servicios humanos (tabla 3). Si consideramos que el sector sin fines de lucro incluye todas las cooperativas, sean o no organizaciones exentas del IRS, la base de activos total de este sector en su conjunto en 2018 se suma a más de $13 mil millones en activos, de los cuales el sector de vivienda y desarrollo comunitario y el subsector de los CDC representan una fracción muy pequeña. Hemos identificado una docena de CDC activos, incluidos algunos que son actualmente o fueron CHDO, y aproximadamente media docena de CDFI en Puerto Rico. En referencia a la tabla 3, los CDC en Puerto Rico se ubican como las organizaciones con los activos promedio más bajos y los antepenúltimos en ingresos promedio más bajos. Según Borges-Méndez (2020), los CDC muestran una amplia gama de capacidad para implementar proyectos de desarrollo, la mayoría tiene una capacidad limitada para el desarrollo de vivienda y bienes raíces, y solo unos pocos han emprendido proyectos relacionados con la recuperación que no sean la rehabilitación de viviendas y otras actividades relacionadas con emergencias (Borges-Méndez 2020). Como en el caso de la industria del desarrollo comunitario en los Estados Unidos, la política de vivienda ha tenido una influencia determinante en la historia del desarrollo de vivienda y comunidad en Puerto Rico, y es quizás el elemento más significativo que configura la trayectoria de la industria local.

En 2009 y 2010, los desarrolladores sin fines de lucro construyeron más viviendas asequibles utilizando créditos fiscales federales que los desarrolladores privados que hasta ese momento (y después de que finalizó el programa ARRA) dominaban la industria.

En un estudio incluido en este número especial de *CENTRO Journal* y patrocinado por el Centro de Estudios Puertorriqueños, identifiqué tres barreras importantes que han obstaculizado el desarrollo de la industria del desarrollo económico comunitario en Puerto Rico: el rol excluyente de la política de financiación para la recuperación federal y local; la relativa debilidad del ecosistema industrial; y la relativa escasez de profesionales con habilidades de desarrollo comunitario, especialmente profesionales con conocimiento de programas de reconstrucción (Meléndez 2020). El rol potencial que pueden desempeñar los CDC en la implementación de programas de recuperación de desastres se ilustra con un estudio de caso sobre impacto de los desarrolladores sin fines de lucro en la construcción de viviendas asequibles después de la promulgación de la Ley de Recuperación y Reinversión Estadounidense

Figura 4. Ecosistema de desarrollo económico comunitario

(ARRA, por sus siglas en inglés) de 2009. En 2009 y 2010, los desarrolladores sin fines de lucro construyeron más viviendas asequibles utilizando créditos fiscales federales que los desarrolladores privados que hasta ese momento (y después de que finalizó el programa ARRA) dominaban la industria. Durante el período de cuatro años provisto por los fondos de ARRA, los desarrolladores sin fines de lucro construyeron más de 3,000 unidades de vivienda. Este es un hallazgo particularmente importante en el contexto actual de la recuperación económica posdesastre y el uso de fondos CDBG-DR para rehabilitación, reconstrucción y nueva construcción de viviendas. Dada una implementación de política inclusiva, los desarrolladores sin fines de lucro pudieron responder rápidamente al desafío y desarrollaron tantas unidades como el sector privado, demostrando una capacidad de despliegue rápido y superando la producción del sector privado en los años iniciales del programa (Meléndez 2020).

Como se ilustra en la figura 4, el ecosistema de desarrollo económico comunitario está integrado por CDC, CDFI y otros intermediarios financieros (como proveedores de capacitación y capacitación, a menudo subsidiarias o afiliadas a intermediarios financieros) y otras redes específicas del sector que desempeñan un papel clave como coaliciones regionales y nacionales para el avance de la industria. Además del financiamiento para la mitigación y recuperación de desastres, el desarrollo económico comunitario se financia a través de múltiples programas federales y, a menudo, estos programas se combinan para financiar diferentes aspectos de un proyecto. Los programas ampliamente utilizados en la industria incluyen Créditos Fiscales para Vivienda Asequible (LIHTC, por sus siglas en ingles) y Programa de Asociaciones de Inversión HOME (HOME, por sus siglas en ingles) para el subsidio de vivienda asequible, CDFI para préstamos comunitarios de bajo interés, Créditos Fiscales para el Nuevo Mercado (NMTC, por sus siglas en inglés) para el desarrollo comercial, programas del Departamento de Agricultura de los Estados Unidos (USDA, por sus siglas en inglés) para vivienda y otros desarrollos rurales, programas de la Administración de Desarrollo Económico (EDA, por sus siglas en inglés) para programas de desarrollo económico local, programas de apoyo a pequeñas empresas de la Small Business Administration (SBA) y muchos otros. Estos programas federales a menudo se combinan con subsidios estatales y locales. Sin embargo, en Puerto Rico, muchos programas federales de propósito social están sumamente subutilizados. La ventana de oportunidad actual para la isla viene dada por la disponibilidad de fondos para la reconstrucción y de otros programas federales subutilizados que no están relacionados con desastres. En Luisiana, después del huracán Katrina, por ejemplo, el programa de financiamiento del 4 por ciento de LIHTC se combinó con CDBG-DR para apalancar $1.1 mil millones para el desarrollo de 8,448 unidades, de las cuales 63 por ciento eran asequibles (Severino 2018). En Puerto Rico, el programa CDBG-DR actual asigna $413 millones al programa LIHTHC-Gap para proporcionar fondos de brecha para financiar unidades de vivienda de alquiler asequible.

Puerto Rico tiene un ecosistema de desarrollo económico comunitario relativamente débil. Con la notable excepción del Banco Popular, que tiene una cartera de inversiones en vivienda asequible, la isla no tiene intermediarios financieros de desarrollo económico comunitario significativos. Sin embargo, los programas de recuperación de desastres ofrecen una oportunidad para que los intermediarios emergentes amplíen sus carteras. Hay dos organizaciones sin fines de lucro que se crearon para servir como intermediarios de desarrollo comunitario con programas para apoyar a organizaciones privadas y sin fines de lucro. Fundada en 1984, Fundación Comunitaria de Puerto Rico (FCPR) es quizás la organización más antigua con un programa establecido para apoyar el desarrollo económico comunitario y el emprendimiento social de las organizaciones, y en mucho menos grado, vivienda asequible. Fundada en 2011, Foundation for Puerto Rico (FPR) es una organización sin fines de lucro que implementa una iniciativa de desarrollo económico basada en el turismo de destino en asociación con gobiernos locales y organizaciones sin fines de lucro. A partir de 2019, FPR recibió fondos CDBG-DR por $37.5 millones del Departamento de Vivienda de Puerto Rico para liderar la coordinación del Programa de Planificación Integral de la Resiliencia Comunitaria (Foundation for Puerto Rico 2019). Según el Foundation Center, en 2019, FPR y FCPR recibieron $6 millones en subvenciones para apoyar organizaciones comunitarias (Meléndez 2020, tabla 6).

Dos de los intermediarios de desarrollo comunitario emergentes más importantes se establecen como fideicomisos públicos. El Fideicomiso de Ciencia, Tecnología e Investigación de Puerto Rico (FCTIPR) ha emprendido varios proyectos sociales y ha desarrollado modelos específicos de desarrollo empresarial que sirven como intermediarios financieros y de creación de capacidad, especialmente para empresas de tecnología. Vivienda recientemente asignó al FCTIPR $92.5 millones del programa CDBG-DR para la implementación del Programa de Agricultura Urbana-Rural Re-Grow PR. Para La Naturaleza (PLN) es una subsidiaria sin fines de lucro del Fideicomiso de Conservación of Puerto Rico, que supervisa 42 áreas naturales en toda la isla que se administran como empresas sociales e implementan iniciativas de recaudación de fondos, educación y voluntariado. Estos dos fideicomisos públicos han desempeñado un rol destacado en la reconstrucción, han implementado numerosos programas con organizaciones comunitarias locales y tienen la capacidad de ingresos y activos para convertirse en anclas de la industria del desarrollo comunitario. A pesar de tener un sector cooperativo robusto, las brechas evidentes en el ecosistema emergente de la industria del desarrollo económico comunitario son un intermediario especializado que apoya y financia el desarrollo de vivienda asequible, y un fondo de predesarrollo de alto riesgo.

El desarrollo de CDC y, por implicación, de la

industria de vivienda y desarrollo comunitario en Puerto Rico es en parte un desafío para el desarrollo de la fuerza laboral (Meléndez 2020). En Puerto Rico, hay una riqueza y abundante oferta de profesionales sin fines de lucro y de negocios bien capacitados, talentosos y experimentados, pero no hay suficientes profesionales con la comprensión de los programas de reconstrucción y otros programas federales que apoyan la industria de la vivienda y el desarrollo comunitario. Una encuesta de profesionales directamente involucrados o que supervisan programas que son parte o se alinean con los planes económicos y de recuperación de desastres para Puerto Rico, patrocinada por el Centro de Estudios Puertorriqueños, documentó una brecha significativa de habilidades en áreas críticas como participación y planificación comunitaria; economía y desarrollo de viviendas; y preparación, recuperación y resiliencia posdesastre. Incluso entre los más educados y comprometidos activamente en la industria, existe un reconocimiento de la necesidad de que el desarrollo de habilidades profesionales en la industria avance (Meléndez 2020).

Muy pocos CDC con una capacidad operativa significativa son una barrera tangible para la expansión potencial de los intermediarios financieros, la industria del desarrollo económico comunitario y, más específicamente, para la participación del sector sin fines de lucro en programas de recuperación de desastres financiados con fondos federales. Los CDC suelen mantener una cartera constante de proyectos de desarrollo local para tener el volumen requerido para la sindicación y rendimientos razonables de la inversión de los recursos organizativos de los intermediarios financieros. En un estudio incluido en este volumen y patrocinado por el Centro de Estudios Puertorriqueños, Borges-Méndez (2020) examina la capacidad organizacional y el potencial de participación en programas de recuperación de desastres. Entre los CDC seleccionados para el estudio, algunos estaban certificados como CHDO y CDFI, pero operaban otros programas como educación vocacional, educación especial, asesoría de vivienda y otros. Esta combinación de educación y servicio social, típica de las OBC, está relacionada con los orígenes y la misión de los CDC. Muchos de ellos fueron creados como OBC y evolucionaron a CDC, mientras que una fracción más pequeña se fundó específicamente para actividades de desarrollo económico comunitario.

Según Borges-Méndez (2020), la experiencia de los CDC con el financiamiento federal es limitada y desigual. Aunque estos CDC han administrado contratos de HUD (como HOME o LIHTC) y FEMA (Asistencia Pública), informaron una capacidad limitada para preparar proyectos complejos de varios años, como los del CBDG-DR. Entre las barreras para la participación en el programa de recuperación de desastres, informaron las siguientes:

- La complejidad de las solicitudes de financiamiento federal y el corto ciclo de desarrollo de proyectos impuesto por las agencias federales
- La limitada experiencia en gestión de proyectos y en cumplimiento del personal, ya que cada flujo de financiación tiene sus propios requisitos de informes;
- Recursos y metodologías de divulgación limitados para involucrar a las comunidades y otras partes interesadas potenciales en la planificación estratégica, un requisito destacado de las aplicaciones federales.

Además, los líderes de los CDC fueron particularmente críticos de que el entorno es oportunista en la búsqueda de financiamiento local y federal a nivel municipal, y quisieran que los programas de recuperación de desastres tuvieran una mayor autonomía del sistema político y del ciclo electoral de la isla. Las organizaciones participantes reconocieron la necesidad imperiosa de desarrollar la capacidad organizacional en general y específicamente para la participación en programas de desastres, pero identificaron como impedimentos prácticos la falta de financiamiento y el "tiempo de inactividad" del personal de más alto rango durante la capacitación. También les gustaría recibir asistencia para la planificación estratégica y la participación comunitaria. Además de estos obstáculos mencionados anteriormente, identificaron varias brechas críticas en las fuentes de financiamiento y el apoyo del proyecto:

1. Falta de intermediarios financieros que faciliten el acceso a fondos clave de financiamiento como créditos fiscales para vivienda, créditos fiscales para nuevos mercados y los beneficios e incentivos de desarrollo económico disponibles a través de las designaciones de Zonas de Oportunidad;
2. Dificultades para financiar los costos de predesarrollo durante el período de aprobación de financiamiento prolongado, y en el cumplimiento de los requisitos del proyecto;
3. Falta de flujo de información como resultado de un control político intencional;

4. Falta de datos, investigación aplicada e información para documentar las necesidades de la comunidad, para elaborar propuestas y para el seguimiento y la evaluación de proyectos. (Borges-Méndez 2020).

La experiencia de los CDC locales con programas federales de vivienda asequible y desarrollo comunitario ofrece una base para ampliar la participación del sector sin fines de lucro en los programas de recuperación de desastres. Los hallazgos del estudio de Borges-Méndez (2020) indican que existe una desconexión entre la implementación local de programas de recuperación de desastres y los CDC con experiencia en el desarrollo de programas de desarrollo económico y de vivienda financiados con fondos federales. En conjunto, estas organizaciones tienen experiencia limitada con programas de recuperación y requieren el desarrollo de capacidades organizativas para ser competitivas en la presentación de propuestas y en la implementación y gestión de los proyectos. Sin embargo, una fracción de ellos ya tiene un historial probado de compleción de proyectos y está superando las barreras para expandir su participación en los programas de recuperación de desastres.

Políticas, implementación del programa CDBG-DR y modelos de gobernanza de desastres

En contraste con el ejemplo de financiamiento de estímulo ARRA presentado anteriormente, hemos documentado que la política actual de financiamiento de recuperación en Puerto Rico excluye en gran medida a los desarrolladores sin fines de lucro. Los programas de políticas de Puerto Rico para la recuperación de desastres están centralizados en dos agencias: el Departamento de Vivienda de Puerto Rico (Vivienda) para la asignación de fondos CDBG-DR y CDBG-MIT, y la Oficina Central de Recuperación, Reconstrucción y Resiliencia (COR3) para la gestión de programas financiados por FEMA. En un estudio incluido en este volumen y patrocinado por el Centro de Estudios Puertorriqueños, Torres-Cordero (2020) afirma que estas dos agencias funcionan de manera independiente y, en comparación con otras jurisdicciones estadounidenses, centralizan la toma de decisiones, mientras que la implementación de programas está restringiendo la participación municipal y del sector sin fines de lucro en proyectos de reconstrucción patrocinados por el gobierno. La práctica convencional en la mayoría de los estados es integrar los programas de reconstrucción bajo una sola agencia y establecer estructuras de gobierno que promuevan la colaboración y coordinación entre agencias con las agencias federales y sean más inclusivas de los gobiernos locales y las organizaciones sin fines de lucro. A la luz de estas circunstancias, Torres-Cordero (2020) afirma que “las guías federales actuales para el uso de fondos CDBG-DR permiten una cierta medida de discreción e interpretación que el Gobierno de Puerto Rico puede optar por ejercer o no con el fin de desarrollar programas más equitativos destinados a producir una recuperación mejor y más justa”.

Torres-Cordero (2020) identificó modelos de gobernanza en jurisdicciones afectadas por huracanes con experiencia en la administración de programas federales de desastres y una colección de prácticas que fomentan la participación local y el acceso equitativo a recursos y programas. Los estudios de caso para los modelos de gobernanza CDBG-DR en Luisiana, Carolina del Sur, Florida y Texas proporcionan ejemplos específicos de arreglos y políticas estructurales locales que apoyan la participación local y desarrollan la capacidad de las organizaciones sin fines de lucro para el desarrollo económico y comunitario. Aunque los mecanismos para una participación más inclusiva varían, los ejemplos de implementación de políticas locales dentro de la ley federal actual incluyen:

- acuerdos de sub-beneficiarios para proporcionar asignaciones directas a los gobiernos locales (Luisiana, después de los huracanes Gustav y Ike, 2008)
- varios beneficiarios locales, incluidos consorcios con desarrolladores de viviendas sin fines de lucro y corporaciones de desarrollo comunitario (Carolina del Sur, después del huracán Joaquín, 2015);
- diferenciación regional a través de solicitudes de propuestas y empresas conjuntas y consorcios entre agencias gubernamentales y organizaciones con y sin fines de lucro (Florida, después del huracán Irma, 2017); y
- planificación de acción complementaria y enmiendas al plan de acción para redistribuir recursos del estado a los niveles de condado y ciudad (Texas, después del huracán Harvey, 2017).

Evidentemente, estos ejemplos destacan posibles reformas de políticas en Puerto Rico que conducirán a prácticas más inclusivas para los municipios y organizaciones sin fines de lucro. Todas estas reformas están dentro de la autoridad del gobernador de Puerto Rico. Torres-Cordero (2020) concluye el estudio con un llamado a la acción:

Las politicas publicas a las que se hace referencia en este estudio no son de ninguna manera fáciles de implementar y podrían requerir cambios estructurales y programáticos significativos en las formas en que se administra y se dota de recursos para la recuperación de desastres. La decisión no es si cambiar o no; el hecho o la realidad es que el cambio es inevitable. La decisión es cómo cambiar de manera equitativa y que conduzca a una recuperación justa. Los casos examinados aquí muestran que los cambios incrementales son posibles; sin embargo, la concienciación y la formación de coaliciones son los primeros pasos cruciales hacia el diseño y la implementación de políticas públicas más inclusivas y equitativas. Además, lo que no se puede cambiar de inmediato se puede sacar a la luz, y arrojar esa luz sobre los fracasos de las políticas en términos claros y descriptivos es un precursor necesario del cambio.

Conclusiones y recomendaciones

La planificación posdesastre y el financiamiento federal para la recuperación económica ofrecen a Puerto Rico una ventana de oportunidad única: restaurar su economía e infraestructura de una manera más resiliente. Sin embargo, tal oportunidad depende de la participación local para unirse a los esfuerzos del gobierno en la planificación y luego la ejecución de un programa integral de reconstrucción y recuperación. Nuestro principal objetivo con este volumen de *CENTRO Journal* es brindar una evaluación de la participación local en la recuperación económica de Puerto Rico. Los estudios incluidos en este volumen brindan una evaluación de la participación de las empresas y de los sectores municipales y sin fines de lucro en la recuperación económica de Puerto Rico hasta la fecha, y las contingencias como políticas más inclusivas e iniciativas de desarrollo de capacidades que pueden moldear dicha participación en el futuro.

Los hallazgos de los estudios antes mencionados indican que los sectores empresarial y sin fines de lucro tuvieron una amplia participación en la fase de emergencia inmediata de la recuperación posdesastre, apoyada principalmente por donaciones e inversiones privadas, con un apoyo mínimo del gobierno local o federal. También vimos esfuerzos de base para la reconstrucción y la resiliencia comunitaria, como las CAM, que integran los desastres naturales y la reconstrucción social. Pero los esfuerzos de organización sin fines de lucro y de base se enfrentan al desafío de cómo desarrollar la capacidad para poder aprovechar la ventana de oportunidad brindada por el proceso de reconstrucción y los programas de recuperación de desastres. Su capacidad para participar en la fase de recuperación económica posdesastre se ve restringida debido a la experiencia limitada en el sector con programas de vivienda y desarrollo económico, y de mitigación y construcción de resiliencia, que constituyen el foco de los programas federales de recuperación económica posdesastre.

En este contexto, la implementación de programas federales de recuperación, y más específicamente la política de financiamiento de recuperación, ha resultado en la exclusión absoluta o participación mínima de desarrolladores sin fines de lucro en proyectos de reconstrucción patrocinados por fondos federales en Puerto Rico hasta la fecha.

Las adjudicaciones recientes para la rehabilitación y reconstrucción de viviendas se otorgaron únicamente al sector privado, y el 62 por ciento de los contratos se otorgaron a corporaciones extranjeras. En contraste, los CDC y los desarrolladores sin fines de lucro demostraron que, cuando se les dio la oportunidad durante el programa ARRA, pudieron construir más de 3,000 unidades de vivienda utilizando el programa LIHTC y superaron la cantidad de unidades de vivienda construidas por el sector privado. El estudio de Torres-Cordero (2020) presenta ejemplos concretos de políticas implementadas en otras jurisdicciones que se benefician de CDBG-DR y otros programas federales de desastres que son más equitativos al apoyar la inclusión de los gobiernos locales y las organizaciones sin fines de lucro.

Estos hallazgos generales de los estudios incluidos en este volumen sirven como base para las recomendaciones de políticas públicas y estrategias comunitarias.

Reforma de políticas

1. Promulgar reformas de políticas públicas de inclusión de sectores locales consistentes con los programas federales de recuperación de desastres para apoyar la descentralización y la participación municipal,

y la participación de desarrolladores sin fines de lucro y CDC. Estas políticas incluyen: acuerdos de sub-beneficiarios para proporcionar asignaciones directas a los municipios, de modo que se promuevan consorcios con desarrolladores de vivienda sin fines de lucro y corporaciones de desarrollo comunitario; diferenciación regional a través de solicitudes de propuestas y empresas conjuntas y consorcios entre agencias gubernamentales, organizaciones con y sin fines de lucro; y planificación de acciones complementarias y enmiendas al plan de acción para redistribuir los recursos del estado a los niveles de condado y ciudad.

2. Desarrollar un fondo de predesarrollo de alto riesgo a bajo costo para apoyar a los CDC existentes con algo de experiencia en vivienda y otras actividades de desarrollo comunitario. Además de subsidiar los costos de predesarrollo, los CDC requieren apoyo técnico para presentar propuestas competitivas a FEMA, CDBG-DR y otros fondos dirigidos a la recuperación económica, así como para la combinación de dichos fondos con otros programas tradicionales de desarrollo comunitario, como créditos fiscales para vivienda, créditos fiscales para desarrollo comercial, programas del USDA y zonas de oportunidad.

Desarrollo de capacidad organizacional

3. Desarrollar apoyos para que organizaciones sin fines de lucro se conviertan en CDC mediante el desarrollo profesional para el personal actual sobre vivienda y desarrollo económico comunitario, para comprender el financiamiento federal para la recuperación económica y para fomentar asociaciones con CDC establecidos u otros intermediarios para implementar proyectos.
4. Desarrollar capacitación profesional para la recuperación económica posdesastre que se impartirá como cursos integrales de educación continua, a través de seminarios en línea u otros seminarios estructurados.

Ecosistema de la industria

5. Fortalecer intermediarios de desarrollo comunitario para brindar asistencia técnica a organizaciones sin fines de lucro y desarrolladores. En particular, Puerto Rico carece al momento y necesita una Institución Financiera de Desarrollo Comunitario (CDFI) especializada para vivienda, financiamiento y desarrollo. Estos intermediarios financieros son importantes para comprender la gran cantidad de programas federales disponibles para los desarrolladores sin fines de lucro, incluidas las transacciones complejas que involucran la sindicación y la combinación de fondos requeridos para la mayoría de los proyectos de desarrollo comercial y de vivienda, y la complejidad de participar en subastas, administrar y cumplir con los programas de recuperación federales.
6. Crear mecanismos para el intercambio de información y la creación de redes para poner a disposición un directorio de personas y organizaciones, un calendario de actividades y oportunidades de voluntariado y colaboraciones.
7. Crear un centro de datos para facilitar el acceso a mapas interactivos del Sistema de Información Geográfica disponibles para cada comunidad y municipio de la isla, para construir visualizaciones para la planificación comunitaria y contribuir a los esfuerzos de recolección de datos, y para la capacitación de grupos comunitarios sobre el uso de la plataforma para la planificación y el desarrollo comunitarios para la recuperación económica posdesastre.

En resumen, el financiamiento federal posdesastre para la recuperación económica ofrece a Puerto Rico una ventana de oportunidad única para restaurar su economía e infraestructura de una manera más resiliente mientras fortalece la capacidad del sector sin fines de lucro para la planificación comunitaria, el desarrollo de vivienda y la revitalización de vecindarios. Sin embargo, tal oportunidad depende de la implementación de una estrategia integral para reformar la política pública para fomentar y apoyar la participación de desarrolladores sin fines de lucro en programas de reconstrucción, desarrollar la capacidad de la industria mediante el fortalecimiento de intermediarios y CDC, alentar consorcios y colaboraciones intraindustriales, y brindar desarrollo profesional para la recuperación económica.

NOTAS

[1] Spending Explorer de FEMA, datos al 31 de julio de 2020. La figura incluye varias asignaciones federales a través de FEMA y SBA para los huracanes Harvey, Irma, María, 2017, los incendios de California y otros desastres de 2017; Harvey, Irma, María, 2017, los incendios de California y otros desastres de 2017 (PL 115-123); Harvey, Irma, María, 2017, los incendios de California (PL 115-156); Harvey, Irma, María, 2017, los incendios de California (PL 115-72).

[2] El IEA tiene una alta correlación con el Producto Nacional Bruto y se utiliza como un indicador temprano de la actividad económica.

[3] Para estimar estos elementos (daño, exposición y recuperación) utilizamos 28 variables indicadoras en un análisis discriminante lineal para calcular el índice de MIR y luego clasificamos los condados en las cuatro categorías de MIR (condados susceptibles, en recuperación, resilientes y usurpadores) correspondiente a la resiliencia comunitaria baja, media baja, media alta y alta.

[4] The Charitable Sector <https://independentsector.org/about/the-charitable-sector/#:~:text=The%20nonprofit%20sector%20%E2%80%93%2010%20percent,2.7%20percent%20increase%20from%202015/>.

[5] Differences Between NGOs and Nonprofits <https://www.thebalancesmb.com/differences-between-ngos-and-nonprofits-4589762#:~:text=Nonprofits%20can%20be%20called%20non,disaster%20relief%20and%20human%20rights/>.

[6] Restando las cooperativas que están registradas como organizaciones sin fines de lucro con el IRS, que se cuentan como organizaciones sin fines de lucro.

[7] Autogestión se define como una perspectiva de desarrollo y organización social que centra el derecho de los pueblos a la autodeterminación y participación en el ámbito socioeconómico y político de sus comunidades.

[8] Una empresa social es una organización que aplica estrategias comerciales para maximizar las mejoras en el bienestar financiero, social y ambiental; esto puede incluir maximizar el impacto social junto con las ganancias para los accionistas externos. Ver <https://en.wikipedia.org/wiki/Social_enterprise/>.

[9] Además, algunos estados y asociaciones de los CDC a nivel estatal requieren certificaciones locales para la participación en programas locales. En Puerto Rico, no existe una definición legal específica para los CDC a nivel estatal; sin embargo, las organizaciones sin fines de lucro que buscan financiamiento federal de programas específicos deberán cumplir con varias certificaciones requeridas (como CHDO o LHCA).

REFERENCIAS

Aldrich, D. P. 2012. *Building Resilience: Social Capital in Post Disaster Recovery*. Chicago, IL: University of Chicago Press.

Lobato, Manuel, Marta Álvarez y Marinés Aponte. 2020. Entrepreneurial dynamics in Puerto Rico before and after Hurricane María. *CENTRO: Journal of the Center for Puerto Rican Studies* 32(3).

Borges-Méndez, Ramón. 2020. Community Development Corporations and Reconstruction Policy in Puerto Rico. *CENTRO: Journal of the Center for Puerto Rican Studies* 32(3).

Comfort, L. 2007. Crisis Management in Hindsight: Cognition, Communication, Coordination, and Control. *Public Administration Review* 67, 189–97.

Correa, Pedro. 2020. FEMA approves 500-plus hazard mitigation proposals for evaluation. *The San Juan Daily Star*. Accedido el 26 de noviembre, 2020. <https://www.sanjuandailystar.com/post/fema-approves-500-plus-hazard-mitigation-proposals-for-evaluation/>.

COSSEC, Corporación Pública para Supervisión y Seguro de Cooperativas de Puerto Rico. 2018. Total de activos, número de socios y de empleados, por cooperativa, 30 junio 2018. Accedido el 30 de agosto, 2020. <http://www.cossec.com/cossec_new/est/Junio18/Anejo_9_Total_de_Activos,_Socios_y_Empleados_Tiempo_Completo_Por_Cooperativa_jun_2018.pdf/>.

Dyer, Christopher L. 1999. The Phoenix Effect in Post-Disaster Recovery: An Analysis of the Economic Development Administration's Culture of Response after Hurricane Andrew. En *The Angry Earth: Disaster in Sociological Perspective*, eds. A. O.-S. a. S. Hoffman. New York: Routledge.

Eller, Warren, Brian J. Gerber y Lauren E. Branch. 2015. Voluntary Nonprofit Organizations and Disaster Management: Identifying the Nature of Inter-Sector Coordination and Collaboration in Disaster Service Assistance Provision. *Risk, Hazards & Crisis in Public Policy* 6(2), 223–38.

Fadulu, Lola y Mark Walker. 2020. Trump Attaches Severe Restrictions to Puerto Rico's Long-Delayed Disaster Aid. *The New York Times* 15 enero. <https://www.nytimes.com/2020/01/15/us/politics/trump-puerto-rico-disaster-aid.html/>.

Federal Emergency Management Agency (FEMA). 2017. Pre-Disaster Recovery Planning Guide for Local Governments. FEMA Publication FD 008-03, febrero.

________. 2018. Puerto Rico One Year after Hurricanes Irma and María. <https://www.fema.gov/news-release/2018/09/06/puerto-rico-one-year-after-hurricanes-irma-and-maria/>.

Foundation for Puerto Rico. 2019. Foundation for Puerto Rico Begins Phase One Of Whole Community Resilience Program. 15 enero. Accedido el 31 de agosto, 2020. <https://static1.squarespace.com/static/59e4cf35a8b2b019331ce112/t/5c3e08c203ce640330cd5e0e/1547569347160/FOUNDATION+FOR+PUERTO+RICO+BEGINS+PHASE+ONE_ENGLISH_01-15-19-converted.pdf/>.

García, Ivis y Divya Chandrasekhar. 2020. Impact of Hurricane María to the Civic Sector: A Profile of Non-Profits in Puerto Rico. *CENTRO: Journal of the Center for Puerto Rican Studies* 32(3).

Koliou, Maria, John W. van de Lindt, Therese P. McAllister, Bruce R. Ellingwood, Maria Dillard y Harvey Cutler. 2018. State of the Research in Community Resilience: Progress and Challenges. *Sustain Resilient Infrastructure* 10.

Lam, Nina S. N., Margaret Reams, Kenan Li, Chi Li y Lillian P. Mata. 2016. Measuring Community Resilience to Coastal Hazards along the Northern Gulf of Mexico. *Natural Hazards Review* 17(1).

Luna, Emmanuel M. 2013. Community-Based Disaster Risk Reduction and Disaster Management. *Disaster Management*. 12 noviembre. <https://doi.org/10.4324/9780203082539-15/>.

Martín, Carlos. 2018. The Evidence Based on how CDBG-DR Works for State And Local Stakeholders. Declaración de Carlos Martín, Miembro Sénior, Instituto Urbano, ante el Subcomité de Supervisión e Investigaciones, Comité de Servicios Financieros, Cámara de Representantes de los Estados Unidos. 17 mayo.

Meléndez, Edwin. 2020. Puerto Rico Housing and Community Development Industry's Capacity for Disaster Recovery. *CENTRO: Journal of the Center for Puerto Rican Studies* 32(3).

Meléndez, Edwin y Lisa J. Servon. 2007. Reassessing the Role of Housing in Community-Based Urban Development. *Housing Policy Debate* 18(4), 751–83.

Mileti, Dennis S. 1999. *Disasters By Design: A Reassessment of Natural Hazards in the United States*. Washington: Joseph Henry Press.

Office of Economic Studies. 2020. The Puerto Rico Economic Activity Index ("EDB-EAI"). Economic Development Bank for Puerto Rico, septiembre.

Patterson, O., F. Weil y K. Patel. 2010. The Role of Community in Disaster Response: Conceptual Models. *Population Research and Policy Review* 29(2), 127–41.

Peacock, Walter Gillis, Betty Hearn Morrow y Hugh Gladwin. 1997. *Hurricane Andrew: Ethnicity, Gender, and the Sociology of Disasters*. New York: Routledge.

Red de Fundaciones de Puerto Rico. 2019. Philanthropy and Puerto Rico After Hurricane Maria: How a Natural Disaster Put Puerto Rico on the Philanthropic Map and Implications for the Future. San Juan, Puerto Rico.

Quarantelli, E. L. 1999. The disaster recovery process: What we know and do not know from research. Informe preliminar #286. Universidad de Delaware: Disaster Research Center.

Robinson, Scott E. y Haley Murphy. 2014. Frontiers for the Study of Nonprofit Organizations in Disasters. *Risk, Hazards & Crisis in Public Policy* 4(2), 128–34.

Severino Kathya. 2018. Rebuild Puerto Rico: A Guide to Federal Policy and Advocacy. New York: Center for Puerto Rican Studies. <https://centropr.hunter.cuny.edu/sites/default/files/data_briefs/CENTRO_POLICYGUIDE_PB2018-02.pdf/>.

Smith, Gavin y Thomas Birkland. 2012. Building a Theory of Recovery: Institutional Dimensions. *Journal of Mass Emergencies and Disasters* 3092), 147–70.

Torres Cordero, Ariam L. 2020. What Is Possible? Policy Options For Long-Term Disaster Recovery In Puerto Rico. *CENTRO: Journal of the Center for Puerto Rican Studies* 32(3).

Villarrubia-Mendoza, Jacqueline y Roberto Vélez-Vélez. 2020. Centros de Apoyo Mutuo: reconfigurando la asistencia en tiempos de desastre. *CENTRO: Journal of the Center for Puerto Rican Studies* 32(3).

Welsh, Mark G. y Ann-Margaret Esnard. 2009. Closing Gaps in Local Housing Recovery Planning for Disadvantaged Displaced Households. *Cityscape: A Journal of Policy Development and Research* 11(2), 195–212.

CENTRO
JOURNAL OF THE CENTER FOR PUERTO RICAN STUDIES

SUBSCRIBE ONLINE
http://www.centropr-store.com
OR CONTACT
Center for Puerto Rican Studies
Hunter College—CUNY
695 Park Avenue, Room E-1429
New York, NY 10065
212.772.5686
FAX: 212.650.3673

SUBSCRIPTION RATES
Institutional: $90/year
Individual: $45/year

SINGLE ISSUES
$20/year

Centro
CENTER FOR PUERTO RICAN STUDIES
HUNTER CUNY The City University of New York

Centro Publications | 2021 CATALOGUE

Liberalism and Identity Politics: Puerto Rican Community Organizations and Collective Action in New York City

José E. Cruz

ISBN 9781945662089 | LCCN 2017006438

$24.99; $9.99 Kindle

This book is a recollection and analysis of the role of ethnic identity in Puerto Rican community institutional development and collective action in New York City between 1960-1990. The book demonstrates that through institutional development and collective action, Puerto Ricans articulated and promoted a liberal form of identity politics in which ethnic identity and the idea of group rights provided a platform for the production of both individual and collective goods.

Not the Time to Stay: The Unpublished Plays of Víctor Fragoso

Víctor Fragoso; Edited, Translated and with an Introduction by Consuelo Martínez-Reyes

ISBN 9781945662249 | LCCN 2018034538

Pbk. 2018; 244 pages

$24.99; $9.99 Kindle

Not the Time to Stay brings to light for the first time the marvellous work of Puerto Rican playwright Víctor Fragoso. Eight plays, edited and translated by Consuelo Martínez-Reyes, portray the socio-cultural issues Fragoso sought to expose: the choice and difficulties of migration, the clash between American and Puerto Rican societies, the oppression suffered by Latinos in the USA, homelessness, and domestic violence, among others. Fragoso played a key role in the New York City theatre scene in the 1970s, and in the overall interrogation of Puerto Rican and Latino identities in the USA.

Patria: Puerto Rican Revolutionary Exiles in Late Nineteenth Century New York

Edgardo Meléndez

$24.99

Patria examines the activities and ideals of Puerto Rican revolutionaries exiles in New York City at the end of the nineteenth century. The study is centered in the writings, news reports, and announcements by and about Puerto Ricans in the newspaper *Patria*, of the Cuban Revolutionary Party. The book looks at the political, organizational and ideological ties between Cuban and Puerto Rican revolutionaries in exile, as well as the events surrounding the war of 1898. The analysis also offers a glimpse into the daily life and community of Puerto Rican exiles in late nineteenth century New York City.

FORTHCOMING

Fighting on Two Fronts: Puerto Rican Soldiers in the Korean War

Harry Franqui-Rivera

$24.99

Tens of thousands of Puerto Rican soldiers took part in the Korean War as combat troops. Many of these soldiers fought as part of the 65th U.S. Army Infantry Regiment, "el sesenta y cinco." Its men were known as the Borinqueneers. During the war, the 65th became a national icon on the island and among the growing Puerto Rican communities in the mainland. The island-based press and political figures made reference to the 65th as a catalyst for forging a modern person and a modern Puerto Rico, while the community in New York highlighted the Puerto Rican soldiers' heroic efforts and sacrifices to counter racial discrimination. The Borinqueneers helped established a bridge between New York and the island. These Puerto Rican soldiers' service required them to fight on two fronts. They fought relentlessly North Korean and Chinese soldiers in fierce combat. They also fought brutal racial discrimination within the U.S. Armed Forces. Their story is a neglected chapter in the history of the Puerto Ricans.

Centro Publications | 2021 CATALOGUE

Race, Front and Center: Perspectives on Race Among Puerto Ricans

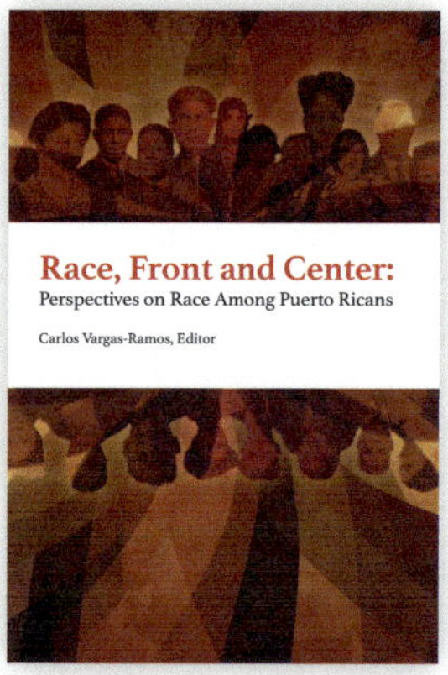

Edited by Carlos Vargas-Ramos
ISBN 9781945662003
LCCN 2016030601. Pbk. 2017; 403 pages
$24.99

Race, Front and Center is a collection of essays that captures in a single volume the breadth of research on the subject of race among Puerto Ricans, both in Puerto Rico, in the United States and in the migration between the two countries. Its twenty-two chapters divided into seven sections address the intellectual, aesthetic and historical trajectories that have served to inform the creation of a national identity among Puerto Ricans and how race as a social identity fits into the process of national identity-building.

Before the Wave: Puerto Ricans in Philadelphia, 1910–1945

Víctor Vázquez-Hernández
ISBN 9781945662027
LCCN 2016047262. Pbk. 2017; 129 pages
$19.99

This book recounts the genesis of the Puerto Rican community in Philadelphia during the interwar years (1917–1945). It connects the origins of this community to the mass migration of the post-WW II years when Puerto Ricans consolidated their presence in Philadelphia (1945–1985). This study compares the experiences of Puerto Ricans with that of the Italians, the Polish, and African Americans in Philadelphia during the early twentieth century.

Rhythm & Power: Performing Salsa in Puerto Rican and Latino Communities

Edited by Derrick León Washington, Priscilla Renta and Sydney Hutchinson
ISBN 9781945662164
LCCN 2017038687. Pbk. 2017; 88 pages
$12.00

The story of New York salsa is one of cultural fusion, artistry, and skilled marketing. A multi-disciplinary collective of scholars illuminate how immigrant and migrant communities in New York City—most notably from Puerto Rico—nurtured and developed salsa, growing it from a local movement playing out in the city's streets and clubs into a global phenomenon.

State of Puerto Ricans 2017

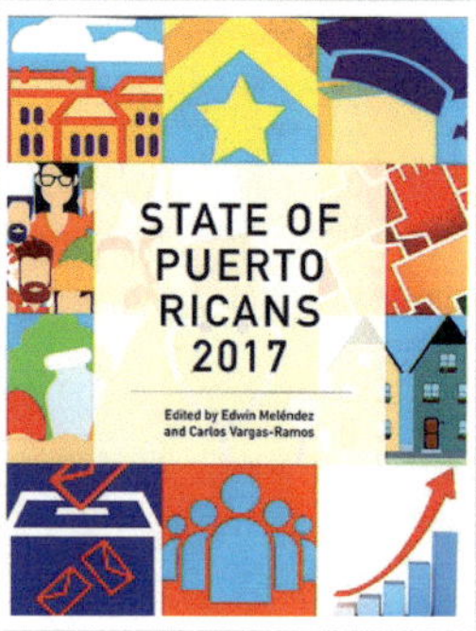

Edited by Edwin Meléndez
and Carlos Vargas-Ramos
ISBN 9781945662126
LCCN 2017021705. Pbk. 2017; 138 pages
$20.00

This book provides an updated overview of some of the most salient subjects and themes about the Puerto Rican population in the United States at present. It highlights the continued mobility and expansion of the Puerto Rican population throughout the country, including state-to-state migration, migration from Puerto Rico in light of the economic crisis in the island, as well as the role of service in the armed forces in anchoring new areas of settlement.

Centro Publications | 2021 CATALOGUE

Almanac of Puerto Ricans in the United States

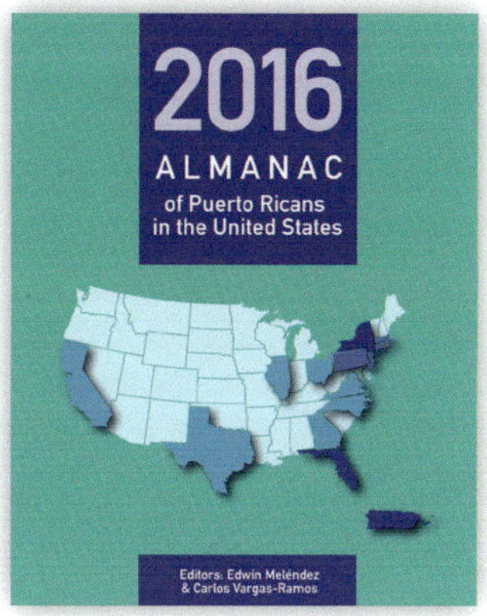

Editors Jennifer Hinojosa and
Carlos Vargas-Ramos
ISBN 978-1945662072
LCCN 2017002040. Pbk. 2016; 167 pages.
$20

Learn more about the recent changes in the Puerto Rican community on the mainland United States through national and state-specific demographic data. The almanac compiles information on social, economic, and civic conditions of the Puerto Rican population in nine key states, and includes maps, tables, and descriptions of the population nationwide.

The Bodega: A conerstone of Puerto Rican Barrios (The Justo Martí Collection)

Carlos Sanabria
ISBN 978-1945662065. Pbk. 2016; 43 pages.
$15

This photo book is a compilation of photographs of bodegas in 1960s New York City shot by Cuban photographer Justo Martí. The photos are part of Centro's Justo Martí collection, which documents the life and activities of the individuals, families and organizations that made up the Puerto Rican experience in New York.

Gilberto Gerena Valentín: My Life as a Community Activist, Labor Organizer, and Progressive Politician in NYC

Edited by Carlos Rodríguez Fraticelli; Translated by Andrew Hurley;
With an Introduction by José E. Cruz
ISBN 9781878483744; 2013; 315 pages.
$20

Gilberto Gerena Valentín is a key figure in the development of the Puerto Rican community in the United States, especially from the forties through the seventies. He was a union organizer, community leader, political activist and general in the war for the civil-rights recognition of his community. In his memoirs, Gilberto Gerena Valentín takes us into the center of the fierce labor, political, civil-rights, social and cultural struggles waged by Puerto Ricans in New York from the 1940s through the 1970s.

Puerto Ricans at the Dawn of the New Millennium

Edited by Edwin Meléndez
and Carlos Vargas-Ramos
ISBN 978187848379-9. Pbk. 2014; 319 pages.
$24.99

This edited volume features chapters by Centro researchers and outside scholars presenting new research on social, economic, political and health conditions of the Puerto Rican population in the United States and highlighting the improvements and the challenges in this rapidly changing and growing community.

http://www.centropr-store.com

Centro Publications | 2021 CATALOGUE

Soy Gilberto Gerena Valentín: memorias de un puertorriqueño en Nueva York

Gilberto Gerena Valentín; Edición de Carlos Rodríguez Fraticelli
ISBN: 9781878483645—ISBN: 9781878483454 (ebook); 2013; 302 pages.
$20 (print); $6 (ebook)

Gilberto Gerena Valentín es uno de los personajes claves en el desarrollo de la comunidad puertorriqueña en Nueva York. En sus memorias, Gilberto Gerena Valentín nos lleva al centro de las continuas luchas sindicales, políticas, sociales y culturales que los puertorriqueños fraguaron en Nueva York durante el periodo de la Gran Migración hasta los años setenta.

The AmeRícan Poet: Essays on the Work of Tato Laviera

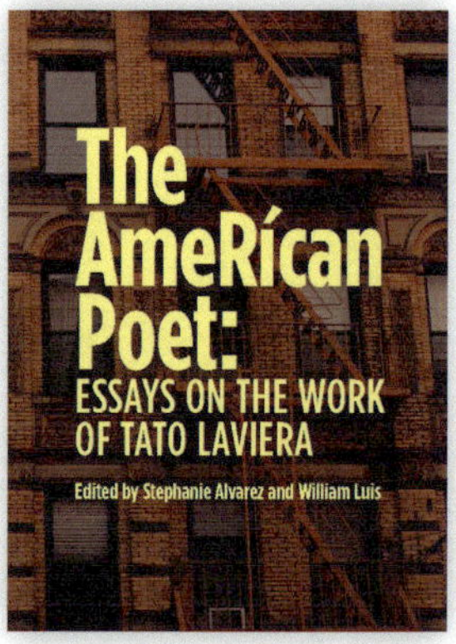

Edited by Stephanie Alvarez and William Luis
ISBN: 9781878483669; 2014. Pbk. 2014; 418 pages.
$24.99

A collection of thirteen essays, an introduction and a foreword by fifteen established and emerging scholars. The essays discuss diverse aspects of Laviera's life and substantial body of work that includes five published collections of poetry, twelve written and staged plays, and many years of political, social, literary and healthcare activism. The book also includes four unpublished poems and the play King of Cans.

The Stories I Read to the Children: The Life and Writing of Pura Belpré, the Legendary Storyteller, Children's Book Author, and New York Public Librarian

Pura Belpré; Edited and Biographical Introduction by Lisa Sánchez González
ISBN: 9781878483805—ISBN: 9781878483454 (Kindle). 2013; 286 pages.
$20 (print); $7.99 (Kindle)

The Stories I Read to the Children documents, for the very first time, Pura Belpré's contributions to North American, Caribbean, and Latin American literary and library history. Thoroughly researched but clearly written, this study is scholarship that is also accessible to general readers, students, and teachers. Lisa Sánchez González has collected, edited, and annotated over 40 of Belpré's stories and essays, most of which have never been published. Her introduction to the volume is the most extensive study to date of Belpré's life and writing.

The State of Puerto Ricans 2013

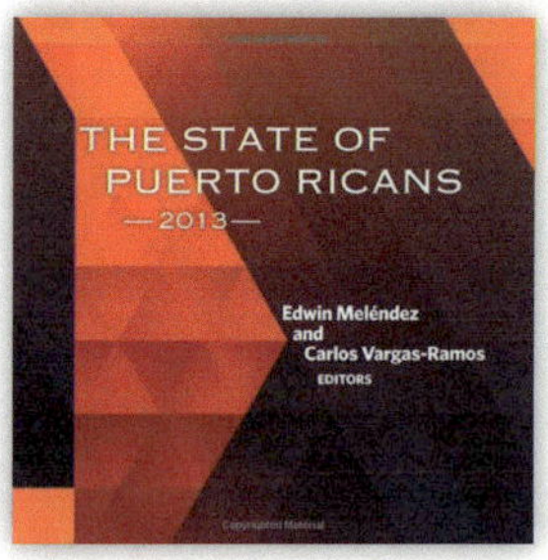

Edited by Edwin Meléndez
and Carlos Vargas-Ramos
ISBN: 9781878483720; 2013; 91 pages.
$15

The State of Puerto Ricans 2013 collects in a single report the most current data on social, economic and civic conditions of the Puerto Rican population in the United States available from governmental sources, mostly the U.S. census Bureau.

Made in United States
Cleveland, OH
05 November 2026

47664966R00019